OBJETO
SEXUAL

Dados Internacionais de Catalogação na Publicação (CIP)
(Câmara Brasileira do Livro, SP, Brasil)

Valenti, Jessica
    Objeto sexual : memórias de uma feminista / Jessica Valenti; tradução Jacqueline Damásio Valpassos. — São Paulo : Cultrix, 2018.

    Título original: Sex object
    ISBN 978-85-316-1446-0
    1. Feminismo 2. Feministas — Estados Unidos — Biografia 3. Sexismo 4. Sexo 5. Valenti, Jessica I. Título.

18-13023   CDD-305.42092

Índices para catálogo sistemático:
1. Feministas : Memórias autobiográficas 305.42092

Jessica Valenti

OBJETO SEXUAL
Memórias de uma Feminista

Tradução
JACQUELINE DAMÁSIO VALPASSOS

Editora
Cultrix
SÃO PAULO

Título do original: *Sex Object.*
Copyright © 2016 Jessica Valenti.
Publicado mediante acordo com Dey Street Book, um selo da Harper Collins Publishers.
Copyright da edição brasileira © 2018 Editora Pensamento-Cultrix Ltda.
Design da capa: Lynn Buckley
Texto de acordo com as novas regras ortográficas da língua portuguesa.
1ª edição 2018.
Todos os direitos reservados. Nenhuma parte desta obra pode ser reproduzida ou usada de qualquer forma ou por qualquer meio, eletrônico ou mecânico, inclusive fotocópias, gravações ou sistema de armazenamento em banco de dados, sem permissão por escrito, exceto nos casos de trechos curtos citados em resenhas críticas ou artigos de revistas.

A Editora Cultrix não se responsabiliza por eventuais mudanças ocorridas nos endereços convencionais ou eletrônicos citados neste livro.

Editor: Adilson Silva Ramachandra
Editora de texto: Denise de Carvalho Rocha
Gerente editorial: Roseli de S. Ferraz
Preparação de originais: Alessandra Miranda de Sá
Produção editorial: Indiara Faria Kayo
Editoração eletrônica: Mauricio Pareja da Silva
Revisão: Vivian Miwa Matsushita

Direitos de tradução para o Brasil adquiridos com exclusividade pela
EDITORA PENSAMENTO-CULTRIX LTDA., que se reserva a propriedade literária desta tradução.
Rua Dr. Mário Vicente, 368 — 04270-000 — São Paulo, SP
Fone: (11) 2066-9000 — Fax: (11) 2066-9008
http://www.editoracultrix.com.br
E-mail: atendimento@editoracultrix.com.br
Foi feito o depósito legal.

Para Layla e Zoe.

Se o mundo não for diferente para vocês, espero que vocês duas o transformem. Mas não quero pressionar ninguém.

SUMÁRIO

Introdução 11

PARTE I
Linhagem de vítimas da violência 19
Bombonière 27
Beldades 39
Palcos 51
Medidas 59
Metrô 69
1995 79

PARTE II
O Quintal 89
Garotos 99
Faculdade 109
Queijo quente 125
Williamsburg 131
D 143
Anônimos 149

PARTE III

Fingimentos	157
Mãos	165
O Bebê	173
Gelo	183
Donas de casa	191
Cereja	199
Chocolate	209
Notas finais (2008-2015)	215
Agradecimentos	229

"Sou o que sou. Procurar razões para isso é irrelevante."
— **Joan Didion,** *Play It as It Lays*

INTRODUÇÃO

"Todas as mulheres vivem em objetificação,
assim como os peixes vivem na água."
— **Catharine A. MacKinnon**

Quando era criança, tinha pesadelos recorrentes com lobos — feras gigantescas do tamanho de arranha-céus que vagavam sobre as patas traseiras pelos quarteirões da cidade de Nova York me perseguindo e, por fim, devorando-me. Minha mãe diz que cometeu o erro de me levar para assistir a uma peça de *Chapeuzinho Vermelho* quando eu era pequena, e que o homem fantasiado de lobo me aterrorizou. Passei a ter esses sonhos quase imediatamente após a peça e eles perduraram até o ensino médio; não recordo quando pararam.

Ao longo dos últimos anos, conforme fui me aprofundando no feminismo, e tendo me tornado autora e mãe, peguei-me pensando muito nesses sonhos. Era só uma peça de teatro, apenas um homem com uma fantasia assustadora — no entanto, minha tenra mente foi impactada de modo indelével.

Considerando-se tudo aquilo com que se espera que as mulheres convivam — os olhares lascivos que começam quando mal entramos na puberdade, o assédio, a violência à qual sobrevivemos ou contra a qual estamos sempre em guarda —, não posso deixar de me perguntar qual é o efeito de tudo isso sobre nós. Não apenas em relação a como as mulheres vivenciam o mundo, mas a como vivenciamos a nós mesmas.

Passei a me questionar: *Quem eu seria se não vivesse em um mundo que odeia as mulheres?* Não consegui encontrar uma resposta satisfatória, mas percebi que há muito tempo venho guardando luto por essa versão de mim mesma que nunca existiu.

Este livro tem o título de *Objeto Sexual* não porque aprecio a ideia de me identificar como tal; tampouco o faço com falsa modéstia ou para me elogiar. Não uso essa expressão por achar que sou particularmente *sexy* ou desejável, embora já tenha sido chamada dessas coisas em determinados momentos.

Demorei para me denominar uma escritora. Escrevia livros, mas, ainda assim, a palavra parecia falsa quando saía da minha boca. O mesmo aconteceu quando me casei — "esposa" soava estranho, mas era o que eu era: a esposa de alguém. Ao contrário de "escritora" ou "esposa", "objeto sexual" não foi uma identidade que escolhi para mim, por mais que me tenha sido empurrada goela abaixo desde os 12 anos de idade; confesso que, para mim, usar essa expressão tem mais a ver com resignação do que com reivindicação. Mas somos quem somos.

Preparei-me para a inevitável reação sobre não ser atraente o suficiente para justificar esse rótulo, mas aqueles que dirão algo a respeito não percebem que ser chamada de "coisa", e não de pessoa, não é um elogio. O simples fato de concebermos esse pensamento já é parte do problema.

Ser um objeto sexual não é algo especial. Essa experiência em particular do machismo — a maneira como mulheres são tratadas como objeto; o modo como às vezes nos transformamos em objeto e como a destruição diária de nossa humanidade afeta não apenas nossa vida e experiências, mas a percepção de nós mesmas — não é incomum. Essa condição de objeto é o que me conecta a tantas outras. Isso não quer dizer que todas as mulheres vivenciam a objetificação do mesmo modo; não é isso o que acontece. Para algumas, em especial aquelas marginalizadas pela sociedade, é uma experiência mais violenta e mais literal do que eu poderia sequer imaginar ou explicar.

O que sei é que, apesar de anos escrevendo sobre feminismo, nunca encontrei a linguagem apropriada para descrever o que significou vivenciar coisas como estas: o professor que me convidou para sair poucos dias depois de eu me formar no ensino médio. O ex-namorado da faculdade que afixou com fita adesiva um preservativo usado na porta do meu dormitório, escrevendo "vadia" no meu quadro de avisos. O repórter político que escreveu um artigo sobre os meus seios.

Experiências isoladas são fáceis de mencionar, mas seu impacto cumulativo não parece bem definido.

Um professor do ensino médio me disse uma vez que identidade é metade o que contamos a nós mesmos e metade o que contamos a outras pessoas a respeito de nós. Mas algo fundamental que ele deixou de mencionar — e que tem um peso enorme, principalmente na mente de jovens mulheres e meninas — são as histórias que *as outras pessoas nos contam sobre nós mesmas*. É em torno dessas narrativas que nos moldamos. Elas são quem nós somos, mesmo que muito disso seja apenas uma *performance*.

Entretanto, este livro não trata apenas de apresentar o modo como cresci me sentindo sexualmente objetificada — explorar esse conteúdo seria muito banal. O feminismo que é popular hoje em dia baseia-se, em grande parte, no uso do otimismo e do humor para desfazer o dano que o machismo tem causado. Rimos com Amy Schumer, ouvimos Beyoncé nos dizer que as garotas comandam o mundo ou Sheryl Sandberg nos aconselhar a "*fazer acontecer*".

Apesar do mito já desgastado de que as feministas são obcecadas por vitimização, o feminismo hoje representa a força incontrolável da influência e independência femininas. Do otimismo e da possibilidade.

Até mesmo nossas histórias tristes, e há muitas delas, têm sua lição de moral ou lado bom, que nos permitem recobrar o ânimo, seguir em frente, continuar trabalhando.

Não se trata apenas de uma técnica de sobrevivência, e sim de uma estratégia de evangelização, muito boa por sinal. Mas talvez estejamos prestando um desserviço a nós mesmas com todo esse trabalho árduo para superar o que o machismo nos causou, em vez de observá-lo com mais atenção.

Talvez fique tudo bem se, só desta vez, deixarmos de lado a intenção de servirmos de inspiração.

Minha filha, Layla, é tímida, mas determinada. Não sei se foram as circunstâncias do seu nascimento — nasceu prematura e muito pequena, e ficou doente por muito tempo —, mas ela é mestra na arte da sobrevivência e de se fazer notar.

Este ano, no jardim de infância, sua turma foi informada de que montariam uma apresentação de *Os Três Porquinhos*. Os papéis seriam distribuídos pelos professores, que disseram às crianças: *Aceitem o que receber, e nada de se aborrecer.* Então Layla recebeu seu papel: o primeiro porquinho, com a casa de palha. Ela ficou contrariada e, quando reiterei a regra do professor sobre equidade e aceitar os papéis que nos são dados, ela me disse com todas as letras: *Os únicos papéis que eu quero são o do porco com a casa de tijolos ou o do lobo.* Quando perguntei por que, sua resposta foi simples.

Porque quero ser um dos que não são comidos.

Claro, essa resposta pode ter sido fruto do medo — contos de fadas parecem reais nessa idade —, mas ainda assim fiquei orgulhosa. Minha menininha tímida não queria aceitar um papel no qual seria devorada. Ela queria viver, ser aquela que devoraria alguém. Não sei se poderia esperar mais do isso.

Escrevi este livro porque quero que ela se sinta sempre assim.

PARTE I

"Ela tinha agora um interior e um exterior e de repente sabia como não misturá-los."
— **Zora Neale Hurston,** *Their Eyes Were Watching God*

LINHAGEM DE VÍTIMAS DA VIOLÊNCIA

Demorei um bom tempo para perceber que não era a única garota que havia sido convidada para um encontro pelo professor do ensino médio. Nem a única que se sentara no metrô em frente a um homem que tinha "esquecido" de fechar o zíper da calça no dia em que havia "esquecido" de usar cueca, de modo que seu pênis, embora dentro do jeans, ficasse totalmente visível. Lembro-me de ter feito piada disso ao contar o caso para meu pai — o esquisitão com o pinto à mostra! Ele teve que me explicar que aquilo não tinha sido um acidente.

Não sou a única que teve um namorado que me chamava de idiota. Tampouco a única que cresceu ouvindo para ter cuidado quando estivesse com um grupo de rapazes, mesmo que fossem meus amigos. Quando eu tinha 12 anos — no mesmo ano em que vi meu primeiro pênis no metrô da cidade de Nova York, dois anos antes de perder a virgindade com um cara de Park Slope que preenchia as falhas das costeletas com o delineador da mãe, e seis anos antes de ser forçada a abandonar a faculdade pois estava cansada de ter garotos de fraternidade colando preservativos usados na porta do meu dormitório —, comecei a ter problemas para dormir. Sentia-me mal o tempo todo.

Sei que isso se chama violência, mas, na minha família, o sofrimento feminino é hereditário: estupro e abuso são transmitidos como a pior herança do mundo, ignorando os homens e dotando as mulheres de cicatrizes, terror noturno e fantástico senso de humor.

Em nossa conversa sobre "contato inadequado", minha mãe me contou que foi molestada por um amigo da família. Ela o chamava de tio. Estávamos sentadas na minha bicama, em um quarto revestido de adesivos de estrelas fluorescentes. Ela tinha 8 anos quando esse homem fez uma visita, levando-lhe um sorvete, e, enquanto a mãe dela preparava o jantar na cozinha, ele lhe disse que viesse se sentar no seu colo se quisesse o doce. Ela não se lembra nem de como aconteceu, nem que parte ele tocou; apenas que o fato ocorreu, e que ela não contou nada a ninguém. Algum tempo mais tarde, o barbeiro do bairro disse a minha avó que, se minha mãe dobrasse algumas toalhas para ele, seu corte de cabelo seria gratuito. Então minha avó deixou-a lá trabalhando e foi embora, e ele levou minha mãe para a sala dos fundos, onde esfregou o pênis em seu corpo de 8 anos de idade.

Quando minha avó tinha 10 anos, o pai dela morreu devido ao alcoolismo, e ela teve que morar com os tios. Quando tinha 11 anos, seu tio a estuprou. Ela contou para a tia e foi enviada ao Orfanato St. Joseph, no Brooklyn, no dia seguinte.

Parece que essa herança vem perdendo força a cada geração, o que já é alguma coisa — desde o estupro de minha avó, passando pelo abuso sofrido por minha mãe, até minha história, ao me safar com relativa facilidade de namorados abusivos e estranhos roçando em meu corpo no metrô (algo de que só me dei conta ao colocar minhas mãos nos bolsos traseiros do jeans e constatar que havia sêmen por toda parte).

Minhas tias e minha mãe chegavam a fazer piada sobre com que frequência esse tipo de coisa lhes acontecia quando eram mais jovens — o homem que abriu o casaco e trazia um grande laço de fita vermelha amarrado no pênis dele, o vizinho pervertido que se masturbava ostensivamente na janela enquanto elas passavam por ali a caminho da escola, quando eram pequenas. (Os policiais disseram que o homem podia fazer o que bem entendesse na casa dele.) "Apenas aponte e ria", foi a sugestão de minha tia. "Isso geralmente os desmotiva."

Geralmente.

Mas pior que o abuso em si era a aterradora compreensão do que significava ser do sexo feminino: não era uma questão de *se* algo ruim aconteceria, mas sim de *quando* e de *quão* ruim seria.

Claro que o que parece ser uma maldição matrilinear não o é de fato. Não a possuímos na verdade; a vergonha e a repulsa pertencem aos perpetradores. Pelo menos, é o que os livros dizem. Mas a frequência com que as mulheres da minha família sofreram abuso ou foram agredidas sexualmente tornou-se uma mensagem com luzes piscantes codificada em nosso DNA: *Me. Machuque.*

Minha filha tem 5 anos e quero vaciná-la contra o que quer que seja que continue acontecendo com as mulheres da minha família.

Quero que Layla tenha os genes afortunados do pai — genes que, ao adentrarem uma sala, sintam-se com todo o direito de estarem lá. Genes que sintam segurança. Não meus cromossomos desajustados, em alerta constante para lutar ou fugir.

Só nesse aspecto eu gostaria que ela não tivesse nada meu.

Quando estava grávida, sempre brincava que queria um menino. Afinal, uma bebezinha se transformaria em uma adolescente, e eu me lembro de como fui insuportável com minha mãe nessa idade. Mas é isto que está mais próximo da verdade: ter uma garota significaria passar essa "coisa" para ela — violência e violações infinitas.

Porque, embora minha filha viva em um mundo que sabe que o que acontece com as mulheres é errado, esse mesmo mundo também tem aceitado esse erro como inevitável. Quando um homem rico em Delaware recebeu liberdade condicional por estuprar sua filha de 3 anos, houve indignação. Mas foi a falta de punição que pareceu incomodar, e não o fato aparentemente imutável de que *alguns homens estupram crianças de 3 anos*. Tempo de prisão nós podemos mensurar e controlar; o fato de alguns homens fazerem coisas horríveis com garotinhas, no entanto, é apresentado como algo inevitável.

Viver em um lugar no qual não se prevê sua segurança significa caminhar em permanente estado dissociativo. Você vê essas coisas acontecerem com você, depara com elas no metrô, na rua e na televisão, ouve-as em músicas, e elas estão à sua volta como o ar que você respira, por isso você guarda o horror para si mesma, porque lutar contra ele seria autodestruição.

Certa vez conversei em uma mesa-redonda com uma famosa escritora-guru da Nova Era que trajava calças de couro, e ela disse que o problema com as mulheres é que elas não se "manifestam com base em sua força", mas sim com base na vitimização. Como se os traumas impostos a nós pudessem ser deletados ao som de uma voz firme — como se de fato possuíssemos força para falar com essa voz.

A condição de vítima não precisa ser uma identidade, mas é produto dos fatos. Algumas mulheres encontram a cura ao rejeitar tal condição, mas em um mundo que está sempre dizendo às mulheres que elas "pedem por isso", não sei por que razão declarar-se "vítima" seria uma ideia tão terrível assim. Reconhecer o sofrimento não é desistir nem demonstrar fraqueza. "Algo ruim aconteceu comigo." Mais precisamente: "Alguém fez algo ruim comigo". Isso aconteceu. Isso acontece.

Quando essa realidade passou a se tornar cada vez mais clara para mim, ao desenvolver seios e passar a andar de metrô, assistir filmes e transar com garotos, não cheguei a tomar uma decisão consciente de não me encolher nem morrer. Mas sei que meu instinto de sobrevivência assumiu o controle e me tornei a garota mais escandalosa, a mais rápida em sacar uma piada sexual, aquela que ria de homens idosos que a paqueravam.

Se estava fadada a ser um objeto sexual, eu seria o melhor objeto sexual possível. Mais de vinte anos depois, ainda me sinto doente. Ainda não consigo dormir. Mas pelo menos agora eu entendo o porquê.

Sabemos que a violência direta causa trauma — temos abrigos, aconselhamento e serviços para lidar com isso. Sabemos que crianças que vivem em bairros violentos são mais propensas a desenvolver transtorno de estresse pós-traumático (TEPT), o medo diário provocando alterações em seu cérebro e em sua estrutura psicológica de forma tão drástica, que *flashbacks* e a dissociação tornam-se fato comum. Sabemos que pessoas que sofrem abuso ficam deprimidas e às vezes se suicidam.

No entanto, apesar de sabermos que tudo isso é verdade, apesar da preponderância das evidências de sofrimento mental e emocional que as pessoas demonstram em ambientes de violência e assédio, ainda não temos um nome para o que acontece com as mulheres que vivem em uma cultura que as odeia.

Somos doentes sem uma doença, sem nenhuma explicação para sintomas supostamente desconexos. Quando você pega uma gripe, seu corpo tem maneiras de demonstrar isso — você tosse, tem febre, suas articulações doem.

Mas qual diagnóstico dar ao tremor de mãos que ocorre depois que um estranho sussurra "boceta" no seu ouvido, quando você está a caminho do trabalho? Que medicamento você pode tomar para deixar de ter medo de que o taxista não a esteja levando de verdade para casa? E o que dizer daquelas que atravessam tudo isso sem sentir nada? — o que isso nos diz sobre os saltos que nosso cérebro teve de dar para chegar à ambivalência? Não acredito que alguém possa passar por tais situações e sair incólume.

Sei, porém, que muitas de nós apontam e riem. A estratégia de minhas tias e minha mãe é agora minha reação-padrão quando um garoto de 15 anos me chama de vagabunda no Instagram ou um repórter adulto escreve algo sobre minhas tetas. Apenas apontar e rir, revirando os olhos, na esperança de que alguém enfim perceba que *isso não tem graça nenhuma*.

Fingir que essas ofensas não nos atingem é uma estratégia — *não lhes dê a porra do gostinho* —, mas não é a verdade. Você sempre perde algo ao longo desse caminho. Chega um ponto em que ridicularizar os homens que nos machucam — por mais que já sejam ridículos — começa a parecer anuência com a mais condescendente das cantadas: *Você fica mais bonita quando sorri*. Porque mesmo o sarcasmo subversivo passa a lhe dar um ar *relax* de garota descolada, em uma versão atualizada e mais aguda da expectativa de que as mulheres precisam ser sempre agradáveis, mesmo quando estão sendo espezinhadas.

Esse tipo de postura é uma *performance* que exige uma força da qual não disponho mais. Adaptar-se às dificuldades e dar o troco exige que escondamos nossa dor sob a camada do *não dou a mínima*. Essa incapacidade de ser vulnerável — a relutância em sentir-se vítima, mesmo que o sejamos — não nos protege, apenas encobre os destroços.

Mas ninguém quer ouvir essas histórias tristes, a menos que sejam suavizadas com uma piada ou uma boa melodia. E, mesmo assim, nem sempre. Ninguém quer ouvir uma mulher falar ou escrever sobre a dor sugerindo que ela não terá fim. Sem uma solução fácil, um lado bom ou final feliz, somos apenas seres que se lamentam — mulheres deprimentes que não se dão conta da sorte que na verdade têm.

A dor e a angústia existencial dos homens são a matéria-prima de mitos, lendas e narrativas que moldam tudo o que fazemos, mas a dor das mulheres é um pano de fundo — um desenrolar da trama para conduzir a história aos verdadeiros protagonistas. Interromper essa história significa carência ou egoísmo, ou, pior ainda, misandria, como se, depois de tudo o que os homens têm feito às mulheres ao longo dos tempos, o mero fato de *não gostar deles por isso* fosse algo muito ofensivo.

Sim, amamos a presença de homens bons em nossa vida e, às vezes, talvez até com mais frequência do que deveríamos, dos maus também — mas é surpreendente o fato de não estarmos em plena revolução contra muitos deles quando se considera esta verdade: os homens conseguem estuprar e matar mulheres e ainda voltar para casa e apreciar seu jantar, preparado por outra delas.

Em algum ponto ao longo do caminho, comecei a me importar mais com o que os homens pensavam de mim do que com minha própria saúde e felicidade, porque fazer isso era mais fácil. Comprei a balela de que o oposto de "vítima" é "forte". De que apontar e rir, e tornar tudo mais fácil para todos, era a melhor maneira de contar nossas histórias.

Mas, se você está doente e quer se curar, precisa relatar os detalhes de seus sintomas: evitá-los lhe garantirá uma vida enferma.

Minha filha é feliz e corajosa. Quando ela cai ou se machuca, as primeiras palavras que lhe saem da boca são sempre: *Está tudo bem, mamãe. Estou bem.* E ela está. E quero que continue sempre assim. Por isso, embora minha recusa em continuar sorrindo e deixar confortável quem me rodeia me faça parecer um tanto deprimente, a verdade é que essa é a real face do otimismo. Nomear o que está acontecendo conosco, dizer as coisas como são de fato — por mais feias e desconfortáveis que possam ser — significa que queremos uma mudança de realidade. Que sabemos que ela não é inevitável.

Quero que a herança de minha mãe e minha avó pare por aqui.

BOMBONIÈRE*

Fui até lá.

Na primeira vez em que tinha feito um aborto, estava naquela mesma sala, naquela mesma maca. Quando entrei no consultório, a recepcionista me ofereceu chá da mesma maneira que fizera sete anos antes. Eu era a única paciente ali — a vantagem de se pagar mais de mil dólares por um aborto no início da gravidez em uma clínica particular que não aceita plano de saúde: você fica sozinha e se apega a um vergonhoso senso de superioridade por não ser como as outras mulheres que só conseguem abortos tardios.

Enquanto me deitava sobre a maca estofada de marrom, com o forro de papel descartável rangendo embaixo de mim, reparei que as balinhas Jolly Rancher sobre um balcão próximo estavam na mesma *bombonière* de vidro que vira na primeira vez em que estivera ali. Só que na ocasião as balas eram Starburst.

Na época, estava com quase 30 anos. Tinha emprego, dinheiro e apoio familiar suficientes para ter um bebê. Mas também estava com

---

* No original, *candy dish*, que também tem uma conotação depreciativa referente a algo "estúpido". (N.T.)

um namorado de merda, ainda apaixonada por um ex-namorado de merda, e no processo de finalização do meu primeiro livro. Sempre achei que, se por acaso engravidasse nessa idade, 27 anos, iria até o fim com a gravidez. Mas, no momento em que vi o resultado positivo do teste, soube que não o faria.

Estava grávida de apenas algumas semanas, mas a maioria dos abortos não acontece antes de oito ou dez semanas; não poderia esperar tanto tempo. No mesmo dia, uma busca no Google sobre "abortos precoces" me levou a uma clínica que afirmava usar métodos de parteira, sem máquinas, anestesia ou um horrível som de sucção. Apenas uma seringa e uma enfermeira segurando sua mão. Marquei a consulta para a semana seguinte, embora a mulher ao telefone tivesse me avisado para não me apressar — não haveria nada para tirar se eu não esperasse mais um pouco.

Minha mãe fez um aborto quando eu tinha 9 anos e minha irmã tinha 7, mas ela só me contou isso depois que eu fiz o meu. Ela esperava, acredito, que fosse um momento de conexão entre nós, mas o claro arrependimento que ela sentiu por interromper a gravidez — *seu pai estava tão ocupado com a música, que senti que era o certo a fazer; é normal sentir-se deprimida depois* — fez minha própria ambivalência parecer, de certa forma, criminosa.

Estávamos em um restaurante em Astoria, no Queens, quando ela me contou — um lugar que abrira recentemente na 34th Avenue, perto do Museum of the Moving Image [Museu da Imagem em Movimento]. O local tinha um interior cavernoso — literalmente —, com tetos altos e paredes confeccionadas para parecerem de pedra bruta. Sei que ela queria que eu lhe dissesse ter sido uma decisão muito difícil, para encontrar alguma semelhança em nosso sofrimento, mas não tinha sido difícil, e eu não estava sofrendo.

Meus pais se casaram quando minha mãe tinha apenas 17 anos, e ela me contou que, na noite de núpcias, ligou para sua mãe aos prantos. Era virgem, criada em um colégio católico, e tinha pavor dos homens — até mesmo de meu pai, com quem namorava desde os 12 anos. Suas lágrimas naquela noite estabeleceram o padrão de relacionamento entre eles: meu pai em uma busca desesperada pelo seu amor e ela apavorada demais para amá-lo.

Ficaram casados treze anos antes de ter filhos, minha mãe sofrendo abortos espontâneos sucessivos, até que por fim conseguisse me dar à luz. Então, quando ela engravidou da minha irmã, eu tendo pouco mais de 1 ano de idade, foi uma surpresa. No momento em que a terceira gravidez veio, anos mais tarde, meus pais trabalhavam sem parar, e meu pai tinha montado uma banda de *blues* que vinha tendo um sucesso relativo — vários *shows* por semana em bares e clubes do centro, como Manny's Car Wash e Bitter End.

Quando eu tinha uns 12 ou 13 anos, comecei a assistir seus *shows*, emocionada com o fato de os *barmen* me perguntarem o que eu iria beber, ignorando quando reviravam os olhos ao me ouvir dizer minha idade. Uma noite, quando entrei na sala dos fundos onde a banda se preparava, um dos homens nos bastidores fez um comentário sobre meu jeans de cintura baixa e como podia ver minha calcinha. Fiquei muito consciente, de súbito, de que era a única garota naquela sala e que meu pai não estava lá.

Nunca me ocorrera que aquelas madrugadas em que ele estava fora tocando sua música significavam que minha mãe cuidava de nós sozinha. Ou que seus ensaios várias noites por semana significavam o mesmo. É difícil, quando se é jovem, imaginar o tempo que seus pais passam com você como um trabalho árduo.

Meus pais são varejistas — uma profissão que uma professora da faculdade chamava de *a mais perversa*, por lidar com o aumento do preço dos produtos a fim de se obter lucro, mas eu achava que para ela era muito fácil dizer aquilo. Quando era criança, eles tinham duas lojas — uma no Bronx e outra no Queens — que vendiam roupas femininas, destinadas a uma clientela mais idosa: macacões bordados com pedrarias; camisolas com estampa da Betty Boop; sutiãs e calcinhas enormes que só vinham em branco, bege e preto, todos empilhados em caixas amarelas atrás do balcão. As clientes gritavam com eles, tentando devolver roupas que haviam sido usadas por anos, e algumas vezes urinavam e molhavam as roupas nos provadores.

A loja recebeu o nome de minha mãe, e as paredes eram ripadas para que as mais recentes blusas ou calças de cintura de elástico pudessem ser penduradas lá, a loja toda recoberta de terninhos de poliéster pendurados em cabides e acompanhados por bijuterias, para dar a sensação de um traje completo. Eu gostava de experimentar as perucas dos manequins que ficavam na vitrine da frente, cujas roupas e ambientação eram trocados todo mês por um homem que carregava alfinetes espetados em uma almofada em formato de tomate, e que uma vez — para chatear minha mãe depois de uma discussão — colocou um chumaço de pelos pubianos falsos saindo da calcinha de um dos manequins, na exibição de uma nova *lingerie* na vitrine.

Eu passava a maior parte dos dias depois da escola na loja do Queens — a do Bronx fechou antes de eu completar 10 anos —, e lá me dedicava a uma destas duas atividades: 1) ir ao McDonald's para comprar batatas fritas a fim de alimentar os camundongos que viviam em um cantinho nos fundos da loja (minha mãe odiava essa atividade); 2) brincar na arara das camisolas longas de cetim. Achava que essas camisolas deviam ser muito especiais, porque, diferentemente das outras roupas na loja, eram cobertas com sacos plásticos transparentes para proteção. Fingia dançar com elas: eu era um príncipe em um baile, e aquelas camisolas — sem corpo e macias, com uma capa de plástico — eram princesas. E então enfiava a mão por baixo dos sacos para sentir o cetim. Às vezes, enfiava o corpo inteiro sob o plástico e a camisola, mesmo que minha cabeça só chegasse à altura da cintura da peça, com minha mãe gritando para eu sair dali, pois poderia me sufocar.

Aprendi a perguntar às clientes *posso ajudá-la?* mal tendo saído das fraldas e, mais tarde, como concluir uma venda na máquina registradora antiga, em que os números eram impressos em botões redondos gigantescos que se moviam como teclas de uma máquina de escrever ao serem pressionados. Recolhia os cabides para colocá-los em caixas no porão e organizava as roupas por tamanho, pendurando-as nas araras circulares entre as plaquinhas brancas P, M, G, XG, XXG e XXXG.

Não morávamos longe da loja, apenas algumas avenidas depois, em Long Island City. Nossa casa ficava na esquina de um quarteirão residencial, mas apenas a dois quarteirões de uma série de fábricas — trabalho escravo, como meu pai dizia — e esquinas povoadas por profissionais do sexo assim que o céu escurecia. Uma noite, quando eu tinha 10 anos, ouvimos uma mulher gritar por socorro. Meu pai olhou pela janela, viu seu rosto marcado por ferimentos e correu para ajudar. Mas ele, um homem grande e barbado, só de cueca, não lhe inspirou confiança, e ela fugiu. Esse grito não foi o último que ouvimos do lado de fora da janela.

Não sei se era o ruído da cidade, os alarmes de carro ou simples insônia infantil, mas raramente eu dormia a noite toda durante essa fase de crescimento. Minhas lembranças mais antigas são de caminhar pela casa no escuro, tentando pensar em algo para fazer a fim de passar o tempo. Às vezes, apenas me sentava na beirada da cama dos meus pais, esperando que minha presença os acordasse como por mágica. Outras vezes, fingia que era um fantasma assombrando minha própria casa.

Mas agora já não sou mais criança, por isso, quando minha mãe me contou sobre seu aborto, entendi racionalmente que teria sido impossível conceber a ideia de um bebê ao lado de duas filhas pré-adolescentes. Em meio àquele trabalho, naquela casa, naquele bairro, eles estavam dando duro para garantir que não passássemos muito mais tempo ali.

Ainda assim, minha primeira reação quando ela me contou foi de choque, *justamente por ela ser tão boa mãe*. Sempre se sacrificando, sempre nos colocando em primeiro lugar. Apesar do meu feminismo e noção de que, às vezes, as mulheres fazem abortos porque querem ser boas mães, meu primeiro pensamento foi de julgamento.

Mas admitindo que a crença que existe em algum lugar dentro de mim de que boas mães não fazem abortos é muito antitética dentro do trabalho que faço e levando em conta quem sou, e com a solidão mascarada de autossuficiência, marquei uma consulta para acabar com minha gravidez, indo lá com minha irmã, em vez de com o homem que me engravidou.

Exceto pela história da "parteira" segurando sua mão, a dor foi terrível, muito pior do que eu esperava. Não chorei, mas minha irmã me disse que fiquei pálida, com os lábios brancos, nos minutos que se seguiram, enquanto chupava uma bala Starburst cor-de-rosa para fazer a taxa de açúcar no sangue subir o suficiente para poder deixar a maca sem vomitar.

A descida de elevador ao sair do consultório foi estranha, estando em um espaço fechado com pessoas que deixavam o trabalho para ir almoçar, e você — com dor, nauseada e prestes a vomitar, mas tentando não demonstrar isso — tendo acabado de tomar a decisão de manter sua vida nos trilhos, mas se sentindo um clichê feminista.

Pelo menos acabou, pensei. Celebrei meu aniversário, mas fiz o exame de sangue exigido para garantir que o procedimento tinha sido bem-sucedido.

Não fora.

Conforme eu havia sido avisada, tentei interromper a gravidez muito cedo. Quando a enfermeira me disse isso pelo telefone, meus joelhos bambearam só de pensar em aguentar aquela dor de novo. Então, quando fui ver a médica pela segunda vez, comecei a soluçar. *Por favor, você pode me dar algo para a dor?* Ela me disse que eu tinha razão e que era corajosa por pedir o que eu precisava, e uma enfermeira colocou uma via intravenosa no meu braço e me deu um sedativo que tornou o procedimento tão fácil, a ponto de eu quase chorar de alívio e gratidão —agradeci à médica em meio a lágrimas, enquanto ela deixava a sala, depois de tudo terminado. Saí do consultório com minha irmã, enquanto minha mãe me esperava em seu carro para me levar para casa, e fui deitada no banco de trás. Sabia, porém, que nunca mais conseguiria passar por aquilo.

Alguns meses depois, conheci o homem que se tornaria meu marido e pai da minha filha. Andrew era cinco anos mais novo que eu, acabara de se formar na faculdade e não usava meias — algo que considerei como uma idiossincrasia remanescente de sua criação no norte da Califórnia. Ele havia entrado em contato comigo por e-mail, perguntando se eu escreveria para o *site* liberal com o qual trabalhava. Anos depois, coloquei o e-mail em uma moldura como um presente do Dia dos Namorados de última hora.

Esperamos algumas semanas antes de fazer sexo, o maior tempo que já esperara antes de dormir com um homem. A maioria dos meus relacionamentos longos evoluiu a partir do que deveria ser uma "ficada" de uma noite só. Disse-lhe de antemão que, se por acaso algum dia eu viesse a engravidar, não faria um aborto em hipótese alguma. Contei o que acontecera meses antes, e ele entendeu.

Alguns meses depois do início do nosso namoro, meu primeiro livro foi lançado e a avó dele faleceu. Enviei flores porque parecia ser uma atitude adulta e também porque imaginava que seus pais não deviam estar muito entusiasmados com o fato de o filho, recém-formado, estar namorando uma mulher que beirava os 30 anos. Pensei que, se pudesse provar que era uma mulher adulta e responsável — uma pessoa ponderada, em vez de uma mulher infantil e com emoções confusas, em uma busca desesperada por equilíbrio, como eu mesma sabia que era —, eles gostariam de mim.

Andrew fora para Harvard e, antes disso, frequentara os cursos de verão de Harvard no ensino médio. Estava entediado em sua escola pública e já fizera todos os cursos de Matemática disponíveis lá, então tinham-no enviado para estudar na faculdade comunitária ali perto. Um dia, em meu apartamento, ele deixou seu computador aberto em uma conversa que estava tendo com sua última namorada, ainda uma estudante da faculdade. Ele explicava que o que acontecia entre nós dois era principalmente físico, que eu não era uma intelectual de verdade. Nove anos depois, ainda evito tocar nesse assunto, pois é doloroso demais para ele pensar em como foi um jovem esnobe e em como eu devia ter me sentido, embora isso tivesse correspondido à tônica do restante do nosso relacionamento: ele apaixonado por uma mulher mais velha que ele achava excitante; eu me sentindo nitidamente indigna dele.

Na primeira vez que os pais de Andrew vieram visitá-lo em Nova York, ele dividia um apartamento — em um prédio de cinco andares sem elevador perto do conglomerado de restaurantes gregos na 31th Avenue em Ditmars, Queens — com um rapaz que conhecera no Craigslist. Estava passando apenas uma noite por semana lá, preferindo ficar comigo nos demais dias e evitar um colega de quarto que mantinha um retrato de si mesmo recortado em papelão, de um metro de altura, pendurado na sala de estar.

Eu morava sozinha em Astoria, com móveis novos que eu havia comprado com o dinheiro que recebi como compensação por deixar um *loft* ilegal em Williamsburg, no Brooklyn. Era a primeira mobília que eu possuía que não era de segunda mão, tendo pertencido antes às minhas tias e tios. O último conjunto de sofás que tive antes disso, em L, me fora dado por um primo que trabalhava como porteiro em um prédio no Upper East Side. Os donos anteriores estavam de mudança e não queriam mais o móvel, então deixaram-no para trás e disseram ao meu primo que, se quisesse, poderia ficar com ele. Ele aceitou o sofá, e também uma pesada mesinha de centro branca com bordas arredondadas que, ao lado do sofá de couro preto, fazia meu apartamento parecer a sala de algum banqueiro dos anos 1980. (Mas de um modo irônico, pois era no Brooklyn.)

O plano era que iríamos jantar com os pais dele em um restaurante próximo com mesas ao ar livre, mas que eles viriam ao meu apartamento antes, para aperitivos. Eu havia feito uma encomenda a uma *delicatessen* italiana local: provolone, *soppressata* picante, mescla de azeitonas, *pepperoncini*, corações de alcachofra e salame. Andrew, irritado por ter que fazer uma parada no caminho de volta do trabalho para pegar a comida, não entendia por que o que eu tinha na geladeira — bolachas Ritz e um pouco de queijo *cheddar* — não seria suficiente. Comida é uma das poucas coisas que me fazem sentir confortável e no controle. Sou capaz de organizar uma refeição refinada sem que ela pareça elegante demais. É a única situação em que não me sinto uma fraude — algo irônico em se tratando de uma feminista profissional.

Antes de Andrew, não cozinhei muito para namorados. Tentei fazer um jantar caprichado para um namorado certa vez, outro rapaz com ares aristocráticos formado em Havard que tocava piano e uma vez transou comigo no banheiro de uma festa de Ano-Novo, embora eu tivesse acabado de quebrar meu dedo ao batê-lo com força na porta ao entrar. Preparei bifes e *fettuccine* Alfredo, que comemos na casa dos meus pais, que estavam fora naquele fim de semana, para evitar minha então colega de quarto. Tudo estava indo muito bem, até que, enquanto transávamos, o cachorro dos meus pais soltou gases tão violentos que tivemos de parar. Quando mais tarde ele terminou comigo, a insistência em dizer que eu era a garota mais "quente" que ele já havia namorado apenas intensificou meu desespero. Minha tentativa de ser a garota legal que come hambúrgueres gigantes, embora adore adaptações cinematográficas da obra de Shakespeare, sendo também estagiária em uma ONG internacional, mas deixa que você transe com ela mesmo sentindo a dor de um dedo quebrado em um banheiro sujo, falhara. Ele sabia tão bem quanto eu que me encaixava em apenas metade dessas situações.

Não foi por coincidência que conheci Andrew logo depois de interromper a primeira gravidez. O aborto foi a última de uma sucessão de decisões visando estabilizar uma vida que estava saindo do controle. Alguns meses antes de engravidar, havia me mudado do Brooklyn para ficar na casa dos meus pais em Woodstock, Nova York, com a desculpa de escrever meu livro.

Na verdade, fora para evitar um ex-namorado que eu ainda amava, apesar de todas as evidências de que ele me traíra durante toda a nossa relação, e para parar de verdade com a cocaína, rompendo um hábito de quase dois anos que começava a me assustar. Decidi, conscientemente, que não faria mais as seguintes coisas: usar drogas, sair com idiotas e acreditar que minha boa sorte profissional não tinha nada a ver com minha capacidade.

Então publiquei um livro destinado a jovens mulheres que não sabiam direito se eram feministas ou não, e dei uma festa para celebrar o momento. Minha mãe levou salada e torta de espinafre que ela mesma fez em casa para servir aos convidados. Andrew estava na Califórnia visitando a avó. Fiquei bêbada e cheirei Adderall no banheiro, limpando o pó azul das narinas antes de voltar. De certa forma, achei que não era tão ruim quanto usar cocaína; e também porque estava havia um tempo sem. Pilhas de livro equilibravam-se sobre a mesa perto da entrada do bar e, quando virei um deles para olhar minha foto de autora, dei-me conta de que estava grávida quando tinha tirado aquela fotografia. Sorridente, sem saber de nada, apenas posando.

BELDADES

Minha irmã não disse uma palavra sobre o profundo corte em seu pulso até que tivesse levado os pontos com fio preto e retornado para casa. Ainda assim, manifestou-se apenas para observar que o formato da mancha de sangue que se espalhara pelo seu vestido verde de Páscoa era muito semelhante a um filhotinho de cachorro.

Ela não deveria estar com o vestido naquele dia — minha mãe estava preocupada que pudesse sujá-lo. Mas minha irmã insistiu e então fomos até a vizinha, ela arrumada demais para brincar com a garotinha que havia alugado o apartamento acima do do meu tio.

Quando você cresce em uma família de belas mulheres, a última coisa que quer que lhe digam é que você se parece com seu pai. A realidade era fácil de perceber, no entanto. Eu puxara ao meu pai, e minha irmã se parecia com minha mãe, uma mulher tão bela que os homens chegavam a abordá-la na rua, com polidez, só para dizer isso a ela. As crianças faziam o mesmo com minha irmã. Em nossa vizinhança — em grande parte composta, à época, por italianos, sul-asiáticos e brasileiros —, ela era uma maravilha de cabelos louros e olhos verdes, e as meninas se aproximavam dela no chafariz do parquinho de concreto que ficava a poucos quarteirões de casa para perguntar se podiam olhar para seus olhos.

No dia em que ela usava seu melhor vestido e tinha os cabelos presos em marias-chiquinhas, discutimos com nossa nova amiga sobre qual seria a brincadeira. Decidimo-nos por um jogo chamado Spud!*, no qual uma de nós atirava uma grande bola de borracha vermelha para o alto enquanto as outras saíam correndo. Quando a bola voltava às mãos de quem a lançara, a pessoa tinha que gritar *Spud!*, na esperança de surpreender os corredores em movimento em vez de congelados no lugar. Havíamos jogado apenas umas poucas rodadas quando a vizinha me acusou de trapacear no jogo. Lembro-me bem de que não havia feito aquilo.

Quando ela saiu batendo os pés, bastante aborrecida, e subiu os degraus de tijolo da portaria, entrando no prédio, minha irmã foi atrás dela. Ela ficou fazendo caretas engraçadas do outro lado da porta de vidro até que nossa vizinha, por fim, a abriu. Mas, quando o fez, e viu que eu me aproximava, bateu a porta enquanto minha irmã esticava o braço para detê-la.

O braço atravessou uma das vidraças e nossa vizinha gritou para a mãe que nós a havíamos quebrado. Ela não viu o sangue. O vermelho espalhava-se pelo vestido verde de minha irmã, e corri para casa chamando minha mãe aos berros. Pulei sobre uma cerca divisória de arame para o quintal compartilhado entre a casa de minha tia e a nossa. Minha irmã veio lentamente atrás de mim, sem dizer nada, o sangue se espalhando ainda mais, escorrendo do braço para o vestido e acumulando-se nos sapatos.

---

* Algo como "Batata", (N.T.)

Meus pais estavam descalços quando entramos no nosso carro, uma perua com carroceria de madeira. Minha mãe sentou-se no banco da frente com minha irmã, pressionando um pano contra o punho dela. Enquanto dirigíamos para o Astoria General Hospital, meu pai gritava *criança ferida, criança ferida* pela janela, usando a voz como uma sirene improvisada, para tirar os outros carros do caminho quando apenas buzinar não funcionava.

Ao entrarmos na emergência com minha irmã calada e manchada de vermelho, lembro-me das senhoras na sala de espera. A que estava em uma maca arfou ruidosamente ao vê-la.

Conforme os anos se passavam, eu ficava cada vez mais desajeitada, enquanto ela permanecia linda — praticamente sem espinhas durante toda a puberdade, talvez tendo uma ou duas apenas. Então, enquanto ela e minha mãe experimentavam roupas, brincos e maquiagem, eu me trancava no banheiro do andar de cima para provar a mim mesma como era feia em comparação a elas. Havia um grande armário espelhado acima da pia e, se eu abrisse as três portas, podia criar um espelho com três inclinações diferentes para olhar meu rosto de todos os ângulos possíveis.

Meu nariz era grande demais; meu queixo, pequeno demais. Os pelos sobre meu lábio superior, clareados com Jolen comprado em segredo na farmácia Genovese, com dinheiro desviado do almoço, destacavam-se contra minha pele bronzeada. Quando você olha com atenção e por bastante tempo para o próprio rosto, tudo nele pode começar a parecer horrível. Especialmente quando você tem 10 anos de idade.

Escrevi no meu diário na época: *Sou tão feia que não consigo suportar isso. Tenho um nariz grande e grosseiro, espinhas, braços peludos. Ne-*

nhum menino jamais vai gostar de mim e nunca vou ter um namorado. Todas as minhas amigas são bonitas e serei a única sem ninguém.

Sentia essa solidão aguda à época porque estava obcecada por um menino da minha escola, em Roosevelt Island, chamado Matt.* Matt — o primeiro de uma longa lista de meninos loiros pelos quais me apaixonaria — me disse uma vez que eu seria muito, mas muito bonita se não fosse pelo meu nariz grande. *Ele acha que eu poderia ser bonita!*

Eu o amava muito, apesar de sua baixa estatura, corte de cabelo no estilo tigelinha e as ocasionais provocações. Mas no Halloween do sexto ano, quando ele se fantasiou de luva de beisebol e eu, de mulher das cavernas, ele disse que eu deveria ter ganhado o prêmio de fantasia "mais atraente" no concurso da classe, embora um grupo de meninas cruéis ficasse me perguntando se minha intenção era parecer um cachorro, já que eu levava comigo um grande osso de plástico. *Mais atraente!*

Meus pais me disseram mais tarde que essas meninas faziam parte de um grupo cujos pais não aprovavam o fato de algumas crianças de fora da ilha terem sido autorizadas a se matricular naquela escola. Que o fato de vivermos do outro lado de uma pequena ponte, no Queens, nos estigmatizava como forasteiros.

Matt tinha um gato chamado Mookie e, quando não estava zombando de mim, chamava-me para um canto para falar sobre as coisas que ele adorava: os Mets, sua mãe, seu gato e talvez um outro gato algum dia. Estávamos na mesma turma em todas as aulas, do

---

* Alguns dos nomes ao longo do livro foram alterados para proteger a privacidade das pessoas, em particular o nome daqueles com quem tive relacionamentos próximos.

segundo ao sexto ano, o que eu interpretava como uma espécie de intervenção divina — prova de que deveríamos ficar juntos.

Comecei a medir meu nariz. Primeiro com os dedos, coisa que eu fazia verificando a distância dele de uma extremidade a outra, tentando conservar essa distância entre os dedos para, ao me aproximar de minha mãe, colocar os dedos imóveis sobre o nariz dela, a fim de demonstrar como o meu era maior em comparação. Ela insistia em dizer que meu nariz era menor — o tipo de atitude bem-intencionada dos pais que somente me causava raiva e desconfiança. A coisa mais legal que alguém me disse naquela época foi que muitas pessoas da minha idade tinham narizes grandes e que eu, um dia, acabaria "crescendo em torno dele". O comentário me deixou consciente de que a feiura que eu via era legítima, e não uma insatisfação infantil que estava apenas na minha cabeça. Esse comentário foi a única coisa que me deu esperança, a ideia de que meu rosto aos poucos se transformaria em algo mais razoável e proporcional que a monstruosidade com a qual atualmente eu lidava.

Ainda assim, comecei a registrar o tamanho do meu nariz com uma fita métrica destinada a fazer bainhas que minha mãe guardava na gaveta da bagunça. Eu anotava as medições em um pequeno caderno cor de lavanda em que costumava escrever poesias, mas cuja última página eu agora também usava para anotar os números, porque acreditava que, se meus pais o encontrassem, não pensariam em averiguá-lo até o fim.

O lance de odiar o próprio rosto de modo tão intenso é que é preciso uma quantidade extraordinária de cuidado e atenção. A obsessão é quase contraditória, porque você começa a amar um pouco essa insatisfação consigo mesma. Torna-se parte de sua rotina —

você sussurra "eu te odeio" quando passa por algum espelho ou pensa o mesmo em silêncio quando experimenta roupas ou ao se maquiar, atos que parecem inúteis no momento, porque você sabe que não vai enganar as pessoas, tentando fazê-las achar que você é bonita. Não há nada que possa aplicar no corpo ou no rosto que o torne admirável.

Mas pelo menos eu conseguia suportar o fato de olhá-lo. Uma amiga com quem morei durante um curto período depois da faculdade tinha um crachá do trabalho que deveria ficar pendurado ao redor do pescoço o tempo todo. Para evitar ter que olhar para a própria foto o dia inteiro, ela recortou cuidadosamente um pequeno quadrado de papel amarelo e o colou sobre o rosto. Mais tarde, descobri sacos plásticos de vômito escondidos embaixo da cama dela, envoltos em toalhas destinadas a mascarar o cheiro — que acabou me levando à descoberta.

Na época, eu pensava muito sobre como meus pais haviam se conhecido no ensino fundamental, perguntando-me se isso significava que Matt e eu poderíamos nos casar um dia. Implorava aos meus pais que me deixassem fazer uma cirurgia plástica no nariz. Nessa época, quando olhava no espelho de três ângulos, carregava comigo um pedaço de papel e o colocava sobre a protuberância que era meu nariz, para poder visualizar como ficaria minha aparência se ele tivesse desaparecido. Meu pai me dizia que meu nariz fazia parte de minha herança italiana; que me livrar dele seria uma bofetada em nossa etnia. Eu dizia a ele que sempre teríamos o espaguete. Ele não parecia se convencer.

Eu imaginava todas as coisas que dariam certo pelo simples fato de o meu nariz ser menor. Eu teria um namorado — ou, pelo menos, Matt pensaria em corresponder ao sentimento que eu tinha em relação a ele —, e as meninas na escola deixariam de zombar de mim. Naquele ano, várias delas haviam me levado a um parquinho para ter uma "conversa" comigo sobre o motivo pelo qual não poderíamos mais ser amigas. Eu falava alto demais; eu concordava com tudo o que elas diziam — desesperada por aprovação, de um modo que beirava a inconveniência. *Não temos a intenção de ser cruéis*, disseram elas, *apenas seria melhor se você almoçasse em algum outro lugar.*

Sei que, se me parecesse mais com elas, se tivesse um nariz pequeno e longos cabelos claros presos em tranças e laços de fita, não teria sido necessário atravessar a ilha até o prédio onde as crianças mais novas almoçavam com minha irmã.

Havia apenas uma outra garota que eu conhecia que viajava do Queens até Roosevelt Island: uma menina que tinha se mudado da Costa Rica no terceiro ano e a quem meus pais ofereciam carona, já que ela morava a apenas três quarteirões de distância da nossa casa. Ela era a mais cruel de todas, jogando coisas no meu cabelo enquanto estávamos na fila, falando para mim que eu parecia vestir as roupas do avesso, porque tudo o que eu fazia era ridículo. Não tinha me ocorrido que o pedaço de papelão que vi na janela do seu apartamento uma vez — ela dizia que o namorado da mãe a havia quebrado — estivera lá durante o ano todo.

Descobri pelos meus amigos do sexo masculino que existem garotas bonitinhas, garotas lindas, garotas gostosas, garotas *sexy* e, às vezes, variações ou combinações de todos os itens anteriores. O pior é ser uma garota gorda ou uma garota feia. Eu era uma garota feia que se tornou uma garota *sexy* assim que meus seios cresceram e comecei a contar piadas sujas com a maior das desinibições. Logo que "ganhei peito", como minha mãe costumava dizer, as provocações a respeito do meu rosto pararam, à medida que os garotos ficavam mais interessados em me tocar do que em me fazer chorar. Comecei a me esquecer do meu rosto e das garotas más, e focar nas coisas que meu corpo poderia fazer e inspirar. Durante as férias de verão, um amigo que eu conhecia desde a infância colocou a mão no meu peito enquanto assistíamos a um filme no quarto, em cima da sala em que nossos pais estavam, sem dizer nada. Permaneci imóvel, sem saber o que fazer. *Ele não deveria me beijar primeiro?* Eu tinha 12 anos.

Ao longo dos anos seguintes, fiquei tão envolvida em tentar esquecer meu rosto que nem me dei conta do esforço que minha irmã fazia para disfarçar o corpo dela. Primeiro, atrás de longos *shorts* jeans que usava por cima do maiô quando íamos à praia no verão. Ela até nadava com eles, irritando meus pais, que gritavam para que ela os tirasse, pois parecia ridícula assim. Alguns anos mais tarde, os *shorts* sumiram, junto com dez quilos. Ela se recusava a comer qualquer coisa com açúcar, fazia para si uma refeição diferente em vez de comer o jantar que minha mãe preparava para a família e sentia frio o tempo todo. Meus pais diziam que ela só estava de dieta, que não havia nada com que se preocupar. Mas uma foto dela de férias, escrevendo em uma mesa, com as clavículas aparentes e as bochechas sulcadas, contava uma história diferente. Porém, ela teve sorte — enxergou o mesmo que eu quando olhou para a foto e voltou a comer, do nada. Ela sempre foi mais forte do que a maioria das pessoas, em especial eu mesma.

Só me senti acima do peso uma vez na vida — no verão depois do meu primeiro ano de faculdade, em que fui apresentada à arte de beber até apagar, às noitadas de *open bar*, e a um rapaz que arrasaria comigo. Nunca havia subido em uma balança fora de um consultório médico até visitar minha avó durante um feriado, ouvindo dela assim que me viu: *Puxa, como você engordou.*

Anos depois, após dar à luz minha filha, um editor me pediu que escrevesse uma matéria sobre como consegui, logo depois do parto, voltar ao mesmo peso que tinha antes de engravidar, uma vez que perdi o equivalente ao peso exato do bebê. Tendo um bebê de novecentos gramas, creio eu. Um fígado em deterioração diminui o apetite também. Nascimento prematuro: a dica da nova dieta mais descolada para mamães. Ser magra nunca me pareceu tão vazio.

À medida que as pessoas envelhecem, ficam mais educadas, pelo menos em relação a seu rosto. Assim, consigo não me lembrar do meu nariz na maior parte do tempo. Ou talvez, enfim, eu tenha "crescido em torno dele". Mas estou a salvo dessa provocação em particular, exceto por alguns comentários descuidados, mas cruéis, que surgem de tempos em tempos. O que me ajuda a esquecer é quanto esses rapazes parecem querer coisas de mim. Se querem me tocar, penso, então não posso ser tão horrível quanto imagino.

Quando recebi meu primeiro beijo de verdade, de língua, do meu primeiro namorado de verdade — um amigo de uma amiga que morava na 110th Street com a Broadway —, esperava o bonde para Roosevelt Island em uma plataforma elevada. Pareceu rápido e molhado, mas fiquei emocionada. Falamo-nos ao telefone mais algumas vezes antes de eu pedir à minha amiga que rompesse com ele por mim; não me lembro do motivo.

Mais tarde, namorei um menino que morava em Woodstock, Nova York. Ele gostava do fato de ter uma namorada "da cidade". Recebeu o nome de um poeta caribenho e, depois de fazer para mim uma coletânea em fita cassete que tinha "November Rain" como primeira música, colocou a mão sob meu sutiã enquanto dávamos uns amassos. Estávamos em uma barraca que outro amigo havia montado no quintal para uma festa do pijama mista. Quando meus pais descobriram que haveria rapazes conosco, não ficaram satisfeitos, mas não falaram muita coisa. Ele se esfregou em mim naquela noite, de forma rítmica, de um modo que não compreendi. Mais tarde ele me perguntou: *Se não queria fazer sexo comigo, por que permitiu que eu fizesse aquilo com você?*

Isso marcou a época em minha vida em que me senti desejada pela primeira vez. Não por adultos estranhos na rua ou garotos de cidades pequenas que já tinham namorado todas as meninas que conheciam, mas por meninos da minha idade. E, quando comecei o ensino médio, até mesmo pelos mais velhos. Os garotos, que de repente se tornaram muito mais sagazes e ávidos, ficavam me chamando para ir ao cinema ou para a piscina. No segundo dia de aula, meu novo amigo James veio até minha casa, e meu pai ficou chocado quando viu entrar pela porta aquele garoto de 14 anos, cabelos verdes e um metro e noventa de altura, que provavelmente paquerava sua filha.

Foi só depois de pensar com cuidado, ponderando sobre opções que não conseguia acreditar que tivesse, que decidi namorar Jay. Ele ainda usava aparelho e não era tão fofo como alguns outros caras que eu conhecia, mas era um estudante do terceiro ano e, ainda por cima, um artista do grafite (segundo ele). Mais tarde, quando conheci seu pai, ele disse que eu tinha olhos bonitos, o que reconheço como o código para dizer: *o restante do rosto é feio.* Esse relacionamento acabou com a perda da virgindade, minha e dele, brigas sobre se eu deveria ou não ser "autorizada" a beber Zima, e uma garota com *piercing* no lábio quando ele foi embora para a faculdade. Na época, fiquei muito feliz por ser desejada.

Antes de deixar Roosevelt Island para entrar no ensino médio, disse a Matt que iria para uma escola diferente no ano seguinte — uma escola recém-inaugurada em Manhattan, focada em tecnologia. Preenchi a inscrição e pensei ter sido muito inteligente quando, no espaço reservado para *faça uma ilustração aleatória*, desenhei imagens de palmeiras e pirâmides — um sinal, pensei, que interpretariam como alguém de visão global. *Não apenas um rabisco qualquer!*

Conversamos, só nós dois, do lado de fora do prédio da escola, mais próximos do que nunca estivéramos antes, e ele prometeu que, depois da escola, viria assistir às peças que eu apresentava com um grupo de teatro local. Que éramos amigos. Que aquela não seria a última vez que nos veríamos. Mas foi.

PALCOS

Vamos lá, ele diz. *Mostra pra gente como você seria boa chupando um pinto.*

Um cara da minha escola tira o pirulito Blow Pop da boca de Jen para então empurrá-lo de volta para dentro. Em seguida, tira de novo. A princípio, ela parece confusa, mas, quando ele sorri, ela começa a mover os lábios de forma exagerada em torno da esfera vermelha, fazendo-se de tímida. Ele ri e diz: *Isso, assim mesmo.*

Estamos em pé na frente do prédio de nossa escola secundária, na 33rd Street, no intervalo para o almoço, porque eles deixam os alunos saírem, caso queiram comprar algo no McDonald's ou ir a uma lanchonete fazer uma refeição mais completa.

Depois ele vem até mim, mesmo depois de eu ter dito *de jeito nenhum*, e segura a haste fina e branca do pirulito, que sai da minha boca. Cerro os dentes e olho para ele, direto nos olhos. Relembrando agora, é o que espero ter feito. Ele ri mais uma vez e diz para seu amigo: *Pelo menos, ela não quer largar.* Foi desse jeito que aprendi o que é um boquete.

Em casa, passo algumas tardes no meu quarto com uma de minhas amigas escrevendo histórias sobre sexo com caneta e marca-

-texto vermelho em nosso caderno de composição branco e preto. Criamos diálogos e usamos palavras metafóricas como "salsicha" e "esguichando leite". Escondo os cadernos no fundo da minha cômoda, envolvidos em uma grande camiseta com um gatinho estampado na frente — um troço que minha mãe trouxe da loja para mim.

Quando meus pais encontram uma mensagem de brincadeira que minha amiga Jen me enviou sobre chupar pintos — sobre pênis roxos e línguas —, querem que eu pare de andar com ela insistindo em que qualquer uma que escreva assim sabe demais das coisas. Mais tarde, Jen contaria a todas nós que fizera um aborto no sexto ano, apontando uma cicatriz no abdômen como prova. Suspeitamos de que estivesse mentindo, mas, depois que a irmã mais velha de outra amiga nos explicou como abortos eram feitos de fato, tivemos certeza. Mas, ainda assim, não lhe dissemos nada.

Conheci minhas amigas da escola secundária no primeiro dia de aula em uma lanchonete no subsolo, onde as luzes do teto piscavam. Era um grupo de cinco, sentadas na mesma mesa, e todas moravam em Governors Island, porque seus pais faziam parte da Guarda Costeira. Fazíamos o longo trajeto até a ilha depois da escola e nos fins de semana; lá era o lugar com menos adultos em que já estivera. Parecia algo especial e secreto, pois não tinha permissão para estar ali a menos que uma das minhas amigas me "patrocinasse" — colocando-me em uma lista de pessoas que podiam entrar na base.

Acho que nunca conheci nenhum dos pais delas, e passamos a maior parte do tempo correndo por lá, brincando de perseguição e nos divertindo na pista de boliche da ilha, que tem um Burger King ao lado. Às vezes, Jen finge ficar bêbada com uma cerveja. *Fiz xixi nas calças!*, ela grita, embora não o tenha feito. Mas o restante entra na brincadeira, fingindo levantá-la e carregá-la de volta para casa.

Em certo fim de semana, decidimos tirar fotos com uma câmera descartável para nos inscrever em um concurso de modelos da revista *Seventeen*. Vestimo-nos com o que pensamos ser nossas roupas mais legais. Eu visto calças jeans e um *top* florido caído nos ombros, emprestado de uma amiga, e tiramos fotos umas das outras em balanços, na grama e posando sobre as rochas. Quando vamos buscar as fotos reveladas, rimos delas juntas, esperando em segredo que as nossas talvez não sejam tão ruins, ou quem sabe as melhores, dignas de inscrição. Uma de minhas amigas me diz que, se meu nariz *não fosse tão grande*, eu ganharia com certeza.

Em outro fim de semana, vamos à festa de San Gennaro no centro da cidade e compramos *wine coolers** em uma loja na esquina, mantendo-os ocultos em sacos de papel pardo enquanto caminhamos. Temos 12 anos.

Encontramos um grupo de garotos que são do terceiro ano do ensino médio, e eles pedem nosso número de telefone, embora tenhamos dito que estamos no sétimo ano. Eles então nos dão o número deles, e escrevo o número do *pager* do mais baixo no meu braço com um delineador marrom que tenho na bolsa. Ele me diz que John Gotti é seu tio, e fingimos ficar impressionadas. Não ligo para ele, mas deixo o número lá durante alguns dias, sem lavá-lo, escondendo-o dos meus pais sob mangas compridas e mostrando-o às minhas amigas na escola. Uma garota que estava conosco naquela

---

* Um tipo de bebida industrializada de baixo teor alcoólico que mistura vinho e suco de fruta. (N.T.)

noite acaba engravidando de um daqueles caras; anos depois, já no ensino médio, ouvi dizer que talvez tivessem se casado.

Não conto às minhas amigas que uma vez por semana depois da escola eu vou às aulas de teatro, para montar uma peça de fim de ano, como tenho feito sempre desde a segunda série. Parece muito ambicioso, muito nada a ver.

Comecei a me apresentar na terceira série, um ano depois que meus pais conseguiram que eu entrasse na escola primária em Roosevelt Island — depois de se esforçarem por meses para que minha irmã e eu fôssemos transferidas da porcaria de nossa escola regional no Queens. A primeira peça que montamos foi *Oliver*, e fui escalada para dois papéis: uma órfã e a Velha Sally, personagem que dá a alguém um medalhão em algum ponto da história. Não me lembro por quê.

Na primeira das três apresentações, quando entrei no palco para dizer minhas falas da Velha Sally, percebi que tinha deixado o medalhão na mesa de adereços, onde ele estava contornado com um marcador preto. Então, em vez de recitar meu texto, fiquei muda e não me mexi, sequer respirei, enquanto o público ria. Depois que os risos diminuíram e o silêncio voltou a reinar, um colega e membro do elenco correu para fora do palco para pegar o medalhão e voltou para entregá-lo a mim. Só com o colar em minhas mãos, meus dedos enrolados em torno do medalhão, é que fui capaz de voltar a falar.

Comecei a ganhar papéis melhores e falas maiores, que destacava com marca-texto amarelo para me ajudar a memorizá-las. No sexto ano, ganhei o papel principal: Rosie em *Bye Bye Birdie*. Eu era a menina mais jovem a conseguir o papel, e deveria fingir sensualidade e experiência. Meu grande solo exigia que eu arrancasse o casaco para revelar uma saia curta com franjas de lantejoulas vermelhas sob ele. Tinha que usar um batom rosa-choque. A coreógrafa — uma de minhas amigas — sussurrou em meu ouvido, antes de eu entrar no palco: *arrebente!*

Depois, interpretei Nancy em *Little Mary Sunshine* — uma personagem que tinha um namorado, mas adorava a atenção de todo e qualquer homem. Uma de minhas músicas era "Naughty Nancy", e em outra cantei algo sobre querer ser como uma espiã, que seduz os homens para obter informações. *Oh, que menina malvada ela era, esse é o tipo de garota que eu quero ser...*

Meu amigo Dave, que estava no grupo de teatro comigo, disse que provavelmente eu havia ganhado o papel porque tinha o "tipo" para isso. Mesmo aos 11 anos, Dave falou como um homem adulto. Alguns anos depois, ele me perguntaria se eu conhecia meu namorado "no sentido bíblico". *Você quer dizer se já transamos?*

Continuei a atuar no ensino médio, mas fizemos menos musicais para privilegiar peças "de verdade". Os melhores papéis começaram a ir para os jovens cujos pais haviam dado mais dinheiro para o teatro, ouvimos falar, e meus pais não tinham dado nada. No último dia de nossa última apresentação, a mulher que me ensinou e me dirigiu desde a terceira série, que tinha o mesmo nome de minha mãe, me deu um cartão dizendo que sentia orgulho de mim, tendo elencado nele alguns dos papéis que fiz ao longo dos anos. Mais tarde, depois do espetáculo, comparei o meu com o de outro amigo, que também era um veterano. Exceto pela lista de papéis, os dizeres no cartão eram os mesmos, palavra por palavra. Algumas outras pessoas, aquelas que interpretaram mais papéis principais, receberam mensagens que eram mais longas, mais personalizadas.

Minha filha está nervosa. Ela tem 5 anos de idade, mas sabe que, assim que fizer 6, terá de dançar em um palco de verdade, diante de uma plateia de verdade, para sua apresentação de balé. Mesmo agora, no fim do ano, os pais tiram os sapatos, amontoam-se em um pequeno estúdio de balé e sentam-se em cadeiras dobráveis contra a parede espelhada, para observar suas crianças se apresentando na mesma sala em que fazem aula toda semana. Nós as observamos dançarem e saltarem com desembaraço e alegria. Elas acenam para nós, tropeçam e caem, as faixas de cabeça escorregando para os olhos, mas não se importam, porque seus pais e avós estão bem ali, sorrindo e tirando fotos.

Mas, quando completarem 6 anos, a apresentação mudará para o palco — um fato que tanto empolga quanto aterroriza Layla. Ela quer ser uma "bailarina de verdade", mas tem medo de todas aquelas pessoas observando-a. Digo-lhe para não se preocupar, porque as pessoas na plateia estão torcendo por ela. Ficarão encantadas só em vê-la dançar feliz.

Ela quer saber se sua professora pode ir com ela, se ela pode esperar na coxia ou apenas dançar, como normalmente faz — para os pais, em uma sala com as amigas. Na noite anterior à sua última apresentação como uma criança de 5 anos, tenho um sonho sobre estar em uma peça de teatro para a qual nunca me incomodei em aprender as falas. Um sonho com marca-textos amarelos e *scripts* dentro de fichários que eu desesperadamente folheio momentos antes de entrar em cena.

Quero dizer a ela que pode desistir, que não precisa se apresentar se não quiser. Mas sei que é um conselho ruim, que dá mau exemplo. Também sei que ela pode gostar de estar no palco. Às vezes, os melhores momentos acontecem logo antes de uma apresentação, quando você está nos bastidores aplicando uma maquiagem que normalmente nunca usaria e arrumando os cabelos de certa maneira, enquanto observa a fileira de figurinos pendurados que vai usar. E então, quando está pronta, quando está no palco, as luzes quentes fazem-na transpirar, mas a maneira como as pessoas olham para você, prestando atenção a fim de saber como devem se sentir e o que devem fazer — tudo isso lhe confere uma espécie de poder. Sempre gostei disso, apesar do medo.

MEDIDAS

Caminhava da estação City Hall do metrô para minha escola na Chambers Street quando percebi que meus mamilos se destacavam. A camisa branca com o pequeno laço no decote parecera adorável quando a vesti naquela manhã, mas, fora dos túneis escuros do metrô, dava para ver o contorno de minhas auréolas quando olhei para baixo.

Não havia achado que precisaria usar um sutiã especial — aquele ligeiramente acolchoado, que faz os seios femininos parecerem lisos como os de uma Barbie. Cruzei os braços na frente do peito, mas logo percebi que seria uma postura impossível de manter o dia inteiro nas aulas e nos corredores. Então, puxei as tiras de minha mochila JanSport em meus ombros alguns centímetros para dentro, de modo que sua sombra disfarçasse aqueles pontos. Começou a chover.

No geral, tive muita sorte com meus seios. Eles cresceram em um ritmo razoável, na idade normal, e, quando tinha 12 ou 13 anos de idade, já usava um respeitável tamanho M. A verdadeira sorte, porém, foi a que tive antes disso, quando precisei do meu primeiro sutiã: não foi necessário ir longe para consegui-lo. A loja de roupas e *lingerie* de meus pais, embora nada descolada, era um lugar onde eu poderia encontrar com facilidade um sutiã de treino (PP), sem o constrangimento das lojas de departamento. Para algumas meninas, esse era um rito de passagem com as mães; para mim, foi apenas mais um dia na loja da minha — com o auxílio de minha tia, que era a gerente de lá.

A moça da loja (na verdade, ela estava na casa dos 60, mas era assim que chamavam as vendedoras naquele tempo), chamada Mickey, ajudou a me medir, levando-me para o pequeno provador escuro com uma porta sanfonada, e pressionando uma fita branca e macia contra minha pele. Em retrospecto, percebo agora que isso deve ter sido só para constar, porque ainda não tinha seios para valer, mas apreciei a formalidade com que ela me mediu. Levei três sutiãs: um branco, um bege e um preto. Eles eram de algodão canelado e tinham um lacinho no meio, onde a linha entre os seios deveria estar, se eu tivesse uma.

Dali a dois anos, estaria usando sutiãs tamanho G. Ou seja: aos 14 anos, já tinha o corpo que sempre teria. Tirando os olhares lascivos de estranhos no metrô, no entanto, não prestava muita atenção aos meus seios. Estava contente por tê-los, feliz por ser "normal". Feliz por ter alguma coisa, enfim, para me fazer esquecer do meu rosto. E então, quando concluí o ensino secundário com, em minha opinião, um corpo razoavelmente feminino e um aprimoramento em técnicas de maquiagem, sentia-me otimista quanto a deixar para trás minha reputação de *nerd* que ganhara entre meus amigos.

A Stuyvesant High School tinha a fama de ser a melhor escola secundária pública da cidade. Ou, pelo menos, a de ingresso mais difícil. Os estudantes de lá estavam acostumados a fazer testes e exames, e eram celebrados pela simples presença em uma orientação aos calouros num auditório lotado em Tribeca, na qual o diretor dissera a nós que "a nata fica no topo". Para entrar na escola, os estudantes tinham que fazer um exame semelhante ao SAT*, que os qualificaria para admissão, se tudo corresse bem, em uma das três escolas especializadas de Nova York. Os com notas mais altas iam para a Stuy. Meus pais começaram a falar comigo sobre esse teste quando eu ainda estava na escola primária. *Você vai para a Stuyvesant, certo, Jessica?*, meu pai me perguntava na frente de minhas tias, tios e às vezes até de estranhos em livrarias ou parques. Meu pai — quando criança, tão inteligente que pulou o sétimo ano — gostaria de ter entrado ele próprio para essa escola. Mas, aos 13 anos, foi pego roubando um carro, e um orientador disse que ele não era mais qualificado a fazer o teste de admissão. Esse foi o fato que deu a tônica do restante de sua juventude, uma oportunidade perdida que ele esperava que eu compensasse.

Eu deveria fazer o teste pelo mesmo motivo que meus pais haviam passado meses lutando com o sistema educacional para nos colocar na escola primária de Roosevelt Island, me matriculado no balé, que eu odiava e era muito desajeitada para praticar, e, mais tarde, me feito visitar faculdades nas quais eu não tinha a mínima chance de entrar. Era uma jogada que um amigo do Bronx mais tarde chamaria de "tirar o pé da lama": o empenho de pais da classe média que tinham tempo e informação suficientes para driblar o sistema. Muitas vezes funcionava, outras vezes, não. Mas, de qualquer forma, me deixava com a sensação de que sempre deveria tentar chegar mais alto, mesmo que não soubesse ao certo o que fazer quando chegasse lá.

---

* Exame educacional padrão aplicado a alunos do ensino médio, que conta para a admissão nas universidades dos Estados Unidos. (N.T.)

Foi para isso que meu pai e minha mãe guardaram dinheiro e me matricularam em um cursinho preparatório que eu frequentava toda semana, meses antes de o teste ser agendado. Eu ia de metrô até o centro para as aulas, nas quais recebia testes práticos e aprendia como pular perguntas estrategicamente e reduzir o leque de respostas às mais plausíveis — em suma, a aumentar minhas chances de entrar. Meus pais me contam que eu não dormi por semanas antes do teste e, em vez disso, ficava perambulando pela casa no meio da noite. Na noite do dia em que enfim fiz a prova, porém — em uma sala do antigo prédio da Stuyvesant, no East Village, cercada por estranhos e alguns colegas do colégio —, dormi por treze horas seguidas. Meus pais me dizem que foi assim que eles souberam que eu havia entrado.

Em uma escola de *nerds* fissurados em Matemática e Ciência, uma garota com seios bem desenvolvidos é rainha. De amiga desmazelada de meninas fofas, eu passara a amiga desmazelada de tetas grandes. Era chamada para um monte de encontros — encontros em lugares adequados ou em salões de bilhar e cinemas, refeições em lanchonetes no fim de semana ou caminhadas pelo Central Park. Tive namorados — mais de um! Mais tarde, entre um relacionamento e outro no ensino médio, meus amigos do sexo masculino me pediam, meio na brincadeira, meio a sério, para "tratar de negócios" — código para: *vamos negociar o que você quer para me fazer um boquete*. Eu declinava o convite, mas secretamente me sentia lisonjeada, no entanto. Ainda não me ocorrera que os meninos da minha idade queriam ter intimidade comigo não porque *gostassem de mim*.

Eu já não era a melhor aluna da classe. Para os meus amigos e os tipos de altíssimo desempenho ao meu redor, mal parecia alfabetizada. O fato de eu matar aula e ainda assim tirar boas notas os irritava.

E ficavam desconcertados quando minha nota era ruim e eu não me incomodava. Em vez disso, eu era a garota que perdera a virgindade no primeiro ano da escola, que usava *tops* apertados e batom de cores fortes. A garota que envergonhava seus melhores amigos falando demais e muito alto sobre sexo e fazendo piada sobre o tamanho dos pênis. A menina que, quando lhe passaram uma lição de casa que solicitava a escrita da primeira frase de um diálogo de uma peça escrita em pentâmetro iâmbico, entregou uma folha de papel dizendo: "*So how/ long did / it take for him/ to come?*"*

Eu tirava 95 nas matérias de que gostava e 65 nas que detestava, fazendo com que os orientadores considerassem meu desempenho baixo, o que era um constrangimento para uma escola repleta de vencedores do prêmio de ciência da Westinghouse e de bolsas em universidades no National Merit Scholarship Program. Estudantes com notas apenas razoáveis eram ignorados rotineiramente em favor dos verdadeiros alunos, aqueles que poderiam aumentar a taxa de estudantes da escola que ingressavam nas Ivies.** Meu orientador/professor de Educação Física teve uma única reunião comigo, na qual me recomendou ir para uma faculdade comunitária.*** Depois disso, nunca mais voltamos a nos falar.

Tentei não pensar nisso e terminei o último ano com uma viagem às Bahamas — uma semana de férias não sancionadas pela es-

---

* "Então, quanto tempo ele levou para gozar?" (N.T.)
** Ivy League ou as Oito Antigas. Assim são chamadas as universidades mais tradicionais dos Estados Unidos: Brown, Columbia, Cornell, Dartmouth, Harvard, Pennsylvania, Yale e Princeton. *Ivy* significa "hera", em uma alusão à antiguidade de tais universidades, cujos muros eram recobertos por essa planta trepadeira. (N.T.)
*** Também chamadas de Junior Colleges. São instituições de ensino superior com cursos de curta duração que funcionam como preparação para a universidade. (N.T.)

cola, mas organizadas pelos "líderes" de classe, o que lhes dava um ar de seriedade suficiente para que os pais pensassem ser seguro permitir que seus filhos adolescentes viajassem à praia durante as férias de primavera. Tínhamos 17, 18 anos, mas mesmo assim conseguíamos bebidas alcoólicas grátis no cassino do hotel, e, mais tarde, pegávamos ônibus para um clube onde tínhamos que usar pulseiras assinalando nossa menoridade. Embora nos servissem bebidas, mesmo assim.

Na primeira noite em que minhas amigas e eu experimentamos os coquetéis verdes "granada de mão", servidos em copos de plástico com canudos enormes, decidimos entrar em um concurso de camisetas molhadas. Enfileiramo-nos perto do palco, aos risos, acreditando que alguém nos jogaria um balde de água enquanto usávamos camisetas brancas com o brasão do clube estampado. Enquanto subíamos para o palco, entretanto, nós três observamos que outras garotas — garotas de faculdade e mulheres adultas — começavam a tirar a roupa. *Toda* a roupa. A música estava muito alta para ouvir se elas diziam alguma coisa enquanto faziam isso, e, de qualquer forma, os gritos dos homens da plateia quase se sobrepunham à música. Quanto mais as mulheres dançavam, mais o público se aproximava do palco, avançando lentamente, algumas mãos agarrando seus tornozelos quando passavam por perto. Não tinha nada de água.

Cochichamos entre nós na escada que levava ao palco, perguntando-nos o que deveríamos fazer quando chegasse a nossa vez. O segurança atrás de nós estava com as camisetas de verdade em uma pilha nos braços. Enfim decidimo-nos por mostrar os peitos por um segundo, levantando e abaixando a camiseta com rapidez, rindo enquanto o fazíamos, e nos apressamos em sair do palco.

Mais tarde, na pista de dança, um homem baixo, na casa dos 50, caminhou até mim, sorrindo, e inclinou-se na minha direção. *Achei que você devia ter ganhado*, ele falou. Eu disse *obrigada*.

Durante aquela viagem, descobri que um garoto chamado Joe gostava de mim. Como ele havia se tornado bonitão ao longo do ano, fiquei com ele na pista de dança de um clube e, mais tarde, em seu quarto de hotel. No entanto, masturbá-lo com a mão estava demorando demais, então o chupei para acabar de uma vez com aquilo. Não pensei muito nele no restante da viagem, até que, no aeroporto, esperando para ir pra casa, ele gritou comigo na frente de uma multidão que eu não podia simplesmente chupar o pinto de alguém e depois ir embora. Eu estava de ressaca e pedi desculpas algumas semanas depois. Pelo quê, não tinha certeza. Só fiquei confusa por ele ter se importado tanto.

Antes de nos formarmos, meus amigos — um grupo de rapazes que eu adorava e admirava por serem hilários e realistas — deixaram escapar que tinham um apelido para mim: *Valenteta*. Ri quando me disseram isso, porque é o que você faz quando quer ser a amiga legal que não dá a mínima. A garota que não é reprimida como as outras.

"Jessica Valenti Breasts."*

Se você pesquisasse meu nome no Google em 2006, essa era uma das primeiras "pesquisas relacionadas" que apareciam como sugestão.

Se estiver procurando por Jessica Valenti, talvez esteja também procurando por seus peitos!

---

* "Peitos de Jessica Valenti." (N.T.)

Esse constrangimento algorítmico foi o resultado de uma interação de vinte segundos de duração na qual tirei uma foto em grupo com o presidente Bill Clinton ao lado de outros blogueiros da época. Logo depois, uma professora de Direito/blogueira publicou a foto na internet e sugeriu que eu posava de forma provocativa, que vestia roupas impróprias e que eu "deveria usar uma boina".

"Um vestido azul também teria sido adequado", escreveu ela.

Essa mulher, conhecida em parte por seus discursos inflamados no YouTube, encorajou seus seguidores quando eles publicaram comentários sugestivos. Um deles escreveu um poema humorístico sobre mim e o ex-presidente fazendo sexo oral. Outro sugeriu que eu tinha pouco peito para inspirar comparações com Monica. Recebi telefonemas com homens ofegantes e aos risos do outro lado da linha.

Logo, centenas de blogs dissecavam o que eu pensava ser uma fotografia totalmente inofensiva, debatendo se minha postura sugeria que havia tentado projetar meus seios, ou se eu tinha usado um suéter apertado de propósito — um *podcast* até teorizou que, como eu sequer era importante o bastante para ser convidada a tal reunião, devia ter sido incluída nela para atrair Clinton para um caso amoroso.

Caiu na grande mídia. O blog político de vídeos *Bloggingheads* — que mais tarde passaria a trabalhar com o *New York Times* — dedicou um episódio a essa história, com seu fundador, Bob Wright, chamando-me de "a famosa mulher dos peitos". Um jovem repórter político também cobriu a história, convidando a professora de Direito mencionada antes para explanar sobre a campanha de assédio que durou meses, e que ele chamou de "auê".

Jessica Valenti, que comanda e escreve no blog Feministing.com, *apresenta-se em um ângulo que faz suas costas se arquearem de leve, tornando o ponto focal da foto, seja de forma intencional ou não, seus seios. Valenti não é tímida em relação a seu corpo; ela acabou de publicar um livro intitulado* Full Frontal Feminism: A Young Woman's Guide for Why Feminism Matters.

Publicar um livro com um título impactante significava que *não sou tímida com meu corpo*. Quando o censurei com rigor (título do post no *Feministing*: *Two Words for POLITICO: Fuck. You* [Duas palavras para o POLÍTICO: Foda. Se.], o repórter político redobrou seus esforços, publicando um bate-papo ao vivo sobre o assunto. Um leitor perguntou por que ele não havia conversado comigo antes de publicar a história.

Minha pesquisa consistiu em ler as versões de Althouse e Valenti do que aconteceu e conversar com Althouse. Eu enviei um e-mail a Valenti para conversar com ela sobre isso, mas ela diz que não o recebeu. Não consigo encontrá-lo na minha pasta de mensagens enviadas, então algo não deve ter funcionado direito.

"Algo não deve ter funcionado direito."

Também intermediamos a disputa entre Althouse e Valenti: Valenti usa a sexualidade para se autopromover? Se sim, quem se importa? E, se ela faz isso e ninguém se importa, por que não admitir logo de uma vez?

Só tenho a agradecer por memes não serem ainda sensação na época. Eis a verdade: estou bem nessa foto. Meus seios estão legais. Mas não posso vetar a presença deles em uma foto da qual também faço parte. Não posso evitar que você pense isso ou aquilo sobre eles.

Conforme eu lia comentário após comentário, post após post no blog, chorava na sala de estar da casa dos meus pais. Minha mãe, que sempre viveu no Queens e raramente saía de lá, disse que estava pensando em procurar essa blogueira, pegar um avião até Wisconsin e dar uma lição nela. Minha mãe não faz ameaças vãs: meu pai depois me disse que ela havia pesquisado o horário dos voos.

Semanas antes, quando disse aos meus pais que tinha sido convidada para conhecer o presidente Clinton, os dois começaram a chorar. Eles contaram a parentes, amigos e pessoas aleatórias que entravam em sua loja. Antes que a foto do grupo se tornasse piada sobre boquetes e estagiárias, haviam-na afixado com uma tachinha atrás da caixa registradora.

Eu também estava orgulhosa, mas não disse nada — com muito medo de parecer idiota. Eu era a pessoa mais jovem da sala e sabia que não merecia estar lá. O "auê" em torno da foto apenas confirmou isso.

Pouco antes de começar a escrever no blog, fui à nossa reunião quinquenal do ensino médio. Estava animada para conversar sobre esse assunto com amigos que eu não via desde a formatura, amigos para os quais eu era uma "figura" e considerada "a engraçada".

Enquanto estava na fila para entrar na festa, trombei com um amigo que não era do nosso grupo principal — um cara alto e legal, que nenhum de nós sabia ser podre de rico, até que a mãe lhe deu uma festa-surpresa de formatura no duplex deles em Brooklyn Heights. Tentamos colocar a conversa em dia, à medida que avançávamos na fila, mais próximos da festa. Ele me contou sobre Harvard e, quando mencionei a ele que fazia mestrado, ele riu. *Essa era a última coisa que eu esperava ouvir sobre você*, ele disse. Fiquei bêbada e o levei para casa.

METRÔ

Os dois piores momentos para pênis aparecerem no metrô: quando o trem está vazio ou quando está lotado. Quando era adolescente, se eu me encontrasse em um vagão vazio, saía dele no mesmo instante — mesmo que significasse mudar de vagão com o trem em movimento, o que me aterrorizava. Porque, se não fizesse isso, sabia que o cara sentado à minha frente inevitavelmente levantaria seu jornal para revelar um pênis semienrijecido, e, mesmo que não estivesse planejando fazer isso, eu com certeza não ficaria sentada lá me preocupando com isso durante todo o trajeto.

Em vagões lotados, não via os pênis: eu os sentia. Pressionando-se contra os meus quadris, os homens fingiam que só roçavam em mim porque o trem estava balançando — mas você sabe que não é esse o caso, pois o ritmo é diferente.

No pior dos dias, no oitavo ano, nem cheguei a notar nada. O trem estava lotado, mas minha mente estava em outro lugar. Eu ouvia A Tribe Called Quest no meu *walkman*, pensando em como estava quente, e, quando saí do metrô para a plataforma da 39th Avenue, o sol bateu no meu rosto e fiquei feliz por já estar quase em casa. Mas, quando fiz menção de colocar a mão no bolso traseiro, senti algo úmido: fizera todo o trajeto de volta sem perceber que um homem, cujo rosto eu jamais veria, tinha gozado em mim. Limpei minha mão na perna da calça jeans e olhei em volta para ver se alguém havia notado. Percorri os três quarteirões para casa com minha mochila pendendo o mais baixo possível, para que ninguém que estivesse caminhando atrás de mim pudesse ver o que tinha acontecido ou pensasse que eu havia feito xixi.

Desvencilhei-me do jeans quando cheguei em casa e, embora a maior parte do sêmen tivesse se acumulado no bolso da calça — proporcionando-me duas, em vez de apenas uma, camadas de proteção —, a pele da minha bunda ainda estava úmida por causa daquilo. Liguei a água da banheira até que houvesse cinco centímetros de água escaldante em seu interior, esguichando um gel de banho perfumado de baunilha da Victoria's Secret de minha irmã, e sentei-me rápido nela, ainda de camiseta.

Envolvi uma toalha cor-de-rosa ao meu redor quando saí da banheira e virei meus jeans do avesso antes de colocá-los no cesto de roupa, para que minha mãe não descobrisse. Sabia que ela iria chorar. Sabia que seu pior pesadelo era que algo que me acontecesse pudesse de alguma maneira se assemelhar às coisas que haviam lhe acontecido. Empilhei alguns lençóis em cima dos jeans por segurança.

Mais tarde, viria a descobrir que o cara que se esfrega em você no metrô não é apenas um babaca — ele tem um distúrbio, com um nome que mais parece o de um queijo chique do que uma palavra que significa "esfregar-se em você no trem N até molhar sua calça com a excitação dele".

No *Manual de Diagnóstico e Estatística de Distúrbios Mentais*, a Associação Americana de Psiquiatria descreve o "Frotteurismo" como "impulsos ou fantasias sexuais recorrentes, intensos ou excitantes, que envolvem tocar e esfregar-se contra uma pessoa sem seu consentimento". Há fóruns na internet para os homens — porque, sejamos realistas, indivíduos com Frotteurismo são quase exclusivamente do sexo masculino — que se esfregam em mulheres e garotas no trem, em bares ou onde quer que possam fazê-lo enquanto passam despercebidos.

Eles têm apelidos como "roça-bunda" e "picadura", e compartilham histórias sobre suas proezas e fotos das mulheres nas quais se esfregaram ilicitamente. Alguns dão conselhos — como se afastar de vez em quando, para que sua vítima tenha a impressão de que você está se esforçando para não tocá-la e que qualquer contato é culpa da multidão.

"As mulheres são compreensivas se você agir assim", escreve Picadura. "É como se você não pudesse evitar, e não como se estivesse atacando-as tal qual um pedaço de carne."

Eu costumava brincar com minhas amigas da escola secundária que eu devia ter algum letreiro pisca-pisca na minha cabeça, visível apenas para os homens, que dizia: "Sim, senhor, EU ADORARIA ver seu pênis!" A primeira vez que vi um estava na plataforma para o trem N, a três quarteirões de distância da minha casa, na estação da 39th Avenue.

A caminho do colégio, tinha acabado de perder o trem, por isso, era a única pessoa lá além de um homem na outra extremidade da plataforma. Ele estava tão longe que eu só distinguia sua silhueta, mas logo percebi que sua mão se movia furiosamente — e que ele vinha caminhando rápido em minha direção com o pênis na mão.

Sempre pensei que estivesse preparada para algo assim; sabia que era para eu gritar ou correr, mas simplesmente fiquei ali parada. Não desviei o olhar nem me virei, e, mesmo que sentisse os joelhos trêmulos, meus pés pareciam plantados no chão.

Quando outro trem veio chegando à estação, o homem parou no meio da plataforma e fechou o zíper da calça. As portas do trem se abriram, e ele entrou como se nada tivesse acontecido. Sem conseguir mover os pés, bati nas costas de um homem de terno que saía do vagão e pedi socorro em um fio de voz, mas ele continuou andando. Então, fiquei lá. Quando o próximo trem chegou, entrei nele, achando que deveria ir à escola — mas desci na parada seguinte, Queens Plaza, para ligar para os meus pais de uma cabine telefônica da estação, quando percebi que minhas mãos e o rosto formigavam, e que eu respirava com dificuldade.

Todos os dias, depois desse incidente, meu pai passou a me acompanhar até a plataforma para esperar o trem comigo. O bilheteiro deixava-o atravessar o portão sem pagar, depois que meu pai explicou o que acontecera. Toda semana, durante meses, papai dava ao bilheteiro um saco de cerejas da árvore que crescia em nosso quintal como agradecimento.

Enquanto conversávamos na plataforma sob o sol, percebi uma forma estranha sob o casaco do meu pai. Ele tentou me distrair com uma piada, mas, quando perguntei sobre aquilo uma segunda vez, ele levantou a camisa para me mostrar o cano de metal que saía do cós de sua calça. Ele me assegurou que nenhum policial o prenderia por golpear um homem que mostrava o pênis para crianças. Hoje ele me diz que sabia que aquilo era mentira, mas continuou levando o cano com ele mesmo assim.

Investi em um par de fones de ouvido para não ter que ouvir as coisas que os homens dizem a garotas de 12 anos no metrô. Mas ser capaz de ver os olhares que eles me davam e a maneira como articulavam as palavras com os lábios fazia com que aquelas cantadas silenciosas parecessem ainda mais ameaçadoras do que antes. Um executivo de terno e gravata — cujas unhas manicuradas tinham me chamado atenção enquanto ele segurava o balaústre de metal — ergueu meu fone de ouvido de um lado, aproximou-se o suficiente para que eu pudesse sentir sua respiração em minha orelha e disse baixinho: *Cuide de suas tetas pra mim*. Ele saiu do trem enquanto o fone de ouvido voltava ao lugar na minha cabeça.

Comecei a ver pintos com tanta regularidade no trajeto para a escola — atrás de jornais, quase para fora de jeans desabotoados, ou com a cabeça espreitando acima da cintura de calças de moletom —, que comecei a acreditar que todo homem no metrô pensasse em me mostrar seu pênis. Toda vez que o homem sentado ao meu lado levava as mãos às calças, eu me retesava, pronta para me levantar e trocar de lugar, ou gritar com ele, se estivesse com disposição para isso. Até hoje, se eu estiver em um avião ou trem, ou mesmo em um táxi, e um homem descansa as mãos no colo, eu me coloco em estado de alerta, esperando.

Quando visitava cidades pequenas, ou ia para Woodstock, ao norte do estado, ficava admirada com como coisas desse tipo aconteciam tão pouco lá. Ninguém gritava bobagens para mim dos carros, nem me seguia de pertinho na rua. Parecia-me tão silencioso e estranho...

Quanto mais velha fui ficando, menos acontecia. Quando fiz 18 anos, só me mostraram o pênis uma ou duas vezes naquele ano. Naquele verão, entre meu primeiro e segundo anos na faculdade, arrumei um estágio em uma revista de cinema em Manhattan, graças a um amigo do meu tio que trabalhava na *George*. Fui à Macy's com minha mãe para escolher calças azul-royal e uma camisa azul estampada para combinar.

Na primeira manhã de trabalho, caminhei os costumeiros quarteirões até a estação usando minha roupa nova e um par de sapatilhas pretas que me deram bolhas. Estava a poucos metros da escada que levava à plataforma do trem, quando um carro parou e um homem gritou através da janela aberta, perguntando se eu sabia onde ficava o Northern Boulevard. Indiquei a direção — dois quarteirões adiante —, mal olhando para ele, tentando não desacelerar meu ritmo. *Desculpe, não entendi. Onde fica?*

Saí da calçada para me aproximar do carro. Antes que eu pudesse apontar novamente para onde ele precisava ir, vi que seu pênis estava para fora e que na verdade ele não o esfregava como a maioria dos homens, mas o agitava. Fiquei irritada e tentei girar nos calcanhares para voltar à calçada. Mas aquele homem no carro segurou-me pelo cotovelo e começou a me puxar para a janela. Sua mão esquerda moveu-se para agarrar meu ombro, perto do pescoço, enquanto ele ainda sacudia o pinto meio flácido com a mão direita. Ele tentou me puxar mais, agora meu braço inteiro e meu ombro já atravessando a janela para dentro do carro. Empurrei a cabeça dele com a mão livre, e ele me soltou.

Meus pais estavam no trabalho, então, em vez de ir para o meu estágio, caminhei até a casa mais próxima, da minha tia, onde ela de imediato me deu uma dose de uísque, para me acalmar, segundo ela disse. Chorei afirmando que fora estúpida por sair da calçada, e ela me falou: *Sim, você foi*. Minha prima, que a visitava, observou: *Mãe, não a faça se sentir pior ainda*, mas ela disse que da próxima vez, com certeza, eu me lembraria de nunca mais fazer isso de novo. E eu me lembrei.

Chamamos a polícia, e rodei com eles na parte de trás da viatura para ajudar a procurar o carro daquele homem — um exercício tolo e fútil que, em retrospecto, tenho certeza de que foi apenas para fazer com que eu me sentisse melhor, e eles, úteis. Mas não lembrava se o carro em que o homem estava tinha duas ou quatro portas, se era branco ou creme. Disse a eles que, segundo achava, ele tinha virado à esquerda por sob a linha de trem (eles são elevados no Queens), mas eles ressaltaram que só se podia virar à direita. Estava com receio de que sentissem o cheiro de uísque no meu hálito e pensassem que eu era uma adolescente embriagada que tinha inventado aquilo, pois não conseguia me lembrar de nada, mas mesmo assim anotaram algumas coisas e me deram um endereço ao qual pediram que eu comparecesse quando tivesse tempo.

Conversei com um detetive na delegacia alguns dias depois; ele chamou o homem do carro de "idiota" e me colocou em uma mesa com cinco livros enormes com fotos de homens fichados. O rótulo nos livros dizia "hispânicos", embora eu houvesse lhes dito que não estava certa quanto à sua raça.

Quando perguntei se poderiam me dar menos livros, disseram-me que aquelas eram todas as fotos na delegacia do bairro de homens hispânicos que haviam sido presos por crimes relacionados a sexo. Cinco livros. E eram pesados.

Não reconheci ninguém, mas passei várias horas folheando os livros, tocando fotos de homens que viviam a quarteirões de minha casa e haviam sido presos por crimes sexuais. Homens jovens, homens velhos, homens muito velhos. Quando perguntei ao detetive se achavam que encontrariam o homem que me agarrou, ele me olhou de trás de sua mesa suja e balançou a cabeça. *Não, querida, nunca o encontraremos.*

Há uma expressão que surge no rosto dos homens quando estão prestes a lhe dizer algo horrível.
Ou de fazerem algum ruído para chamar sua atenção, ou mesmo de assoviarem em sua direção.
Quando eu tinha 14 anos, conseguia detectar esse olhar a meio quarteirão de distância. Da mesma forma que posso dizer se alguém é um turista só de olhar para seus sapatos ou se uma pessoa usou heroína há pouco, consigo também prever se um homem vai se comportar como um babaca na rua — é meio que um sexto sentido deprimente próprio da cidade de Nova York.
E o momento em que você dá esses poucos passos antes de cruzar o caminho com o homem que você sabe que está prestes a dizer ou fazer algo é o momento em que olha para baixo, ou vira a cabeça em direção à rua, ou coloca seus fones de ouvido — como que para sinalizar que você não vai vê-los, não importa o que façam. Que eles são invisíveis para você.
Claro que eles fazem isso mesmo assim. E você vê, ou ouve.
Às vezes, não é tão ruim quanto pensou que seria, é um *Ei, gracinha* ou um simples *Oi*. Mas, com frequência, é um arfar lascivo ou um estalo de língua, ou às vezes apenas um sorriso malicioso ao olharem para seus seios enquanto você passa. Uma vez, um homem se aproximou do meu ouvido e disse: *Quero te chupar*. Não importa o

conteúdo, a mensagem é clara: estamos aqui para a diversão deles, e nada mais. Temos que atravessar o restante do dia sabendo que nosso desconforto proporcionou uma ereção a alguém.

Estamos presas entre corpos enormes, incapazes de nos mover, com muito medo de gritar ou chamar a atenção para nós mesmas. Estamos presas no trem, na multidão, na rua, na sala de aula. Se não temos para onde ir a fim de escapar dessa reação ao nosso corpo, onde é o lugar em que *não* nos sentiremos assim? A ideia de que esses crimes não dão em nada alimenta o otimismo cego de homens que não entendem o que significa viver em um corpo que atrai determinado tipo de atenção com força magnética. Que não entendem como é perceber um estranho sorrindo ao apalpar-se ou saber que esse é o preço de ser mulher. Que não compreende que os espaços públicos não são de fato públicos para você, mas sim uma série de eventos-surpresa privados que você não pode prevenir nem esquecer.

E assim você coloca seus fones de ouvido e olha direto para a frente, e não sorri mesmo quando lhe dizem para fazê-lo, limitando-se apenas a continuar andando.

1995

No meu terceiro ano do ensino médio, fiquei semanas sem assistir a aulas de uma disciplina. Mas meu professor me disse que ainda poderia me passar na matéria. Tudo o que tinha de fazer era lhe dar um abraço.

A princípio, fiquei empolgada por estar em uma aula com um professor que eu chamarei de senhor Z. Ele era conhecido por dar boas notas aos alunos e era meio que uma piada entre os estudantes, no sentido de que era um homem velho e patético; tinha o que suspeitávamos ser um olho de vidro, dificuldade em manter a saliva dentro da boca enquanto falava, e também caminhava com dificuldade. As aulas que ele ministrava eram normalmente realizadas no sexto andar, mas os administradores cuidaram para que ele ficasse fora de vista, no décimo.

No primeiro dia de aula, o senhor Z nos disse que, se alguém entrasse na sala para observar a aula — "uma pessoa que aparentava ser importante" —, deveríamos levantar a mão, não importando a pergunta que ele fizesse.

Se não souber a resposta, levante a mão direita. Caso saiba a resposta, levante a esquerda. Só vou chamar para responder quem levantar a esquerda!

Todos se entreolharam, sorrindo. A moeda social no Stuyvesant High School não consistia tanto em ser descolado, mas na ambição e na capacidade de se obter boas notas, mesmo que você não as merecesse — e professores que pegavam leve eram uma necessidade para alunos que quebravam a cabeça nas aulas de cálculo e do AP* Ciências (eu não era um desses alunos).

O senhor Z na verdade não era muito dedicado, preferindo nos exibir filmes como *Coração valente*, mas um dia tivemos uma aula de verdade. E, embora ele quase nunca chamasse os alunos, chamou-me naquele dia. *Venha até a lousa, Jessica.* Ele sorriu, montinhos de cuspe branco acumulando-se nos cantos da boca. *Todos nós queremos dar uma olhada nessa sua blusinha.*

Ele riu, mas a classe ficou em silêncio. Na verdade, eu não estava usando uma blusa, mas um *collant* feminino marrom, que era popular na época — ele fechava com colchetes de pressão na região da virilha, e eu o usava com calças jeans largas o suficiente para deixar à mostra a cava das pernas acima dos quadris. Lembro-me da forma como deslizei de lado por entre as fileiras de carteiras, meus braços cruzados sobre o peito. Não me recordo do que escrevi na lousa. Nunca mais voltei para aquela aula.

---

* Advanced Placement (abreviado como AP) é um programa educacional que oferece cursos de nível universitário em escolas secundárias norte-americanas e canadenses. Os alunos com melhores notas garantem vagas nas universidades mais cobiçadas. (N.T.)

Quando comecei no Stuyvesant como caloura, passei de uma das crianças mais inteligentes da minha escola de ensino médio a uma boa aluna só no nome, sem o mesmo ímpeto nem a "linhagem" de minhas amigas bonitinhas e inteligentes. Seus pais tinham feito faculdade, pós-graduação até. Elas moravam em Upper West Side ou em Park Slope, em apartamentos repletos de livros e pinturas, e prateleiras repletas de bebidas. Uma amiga minha tinha como "quarto" um andar inteiro em um tradicional e centenário prédio em arenito vermelho ao lado do parque. Eu vivia em uma casa onde, uma ou duas vezes por semana, minha mãe ia lá fora usando luvas de borracha amarela para retirar os preservativos usados de homens que estacionavam ali com prostitutas e os deixavam espalhados na calçada.

Uma de minhas melhores amigas era uma bailarina flexível que tinha um portfólio profissional para quando fazia bicos esporádicos como atriz. Ela era o tipo de garota linda — anglo-saxã branca e protestante — que eu queria desesperadamente ser, o tipo de beldade que despertava paixões de provocar brilho nos olhos em vez de tapas na bunda. Ela morava em um duplex com escada em espiral, e ficamos amigas quando éramos caloras, por causa dos nossos namorados do terceiro ano. A primeira vez que ela foi a minha casa, mencionou quanto gostava do linguajar "sem instrução" de minha mãe. *É fofo!*, ela disse, sorrindo enquanto se servia de um refrigerante, pegando-o por conta própria na geladeira.

No mesmo ano em que fui chamada à lousa na aula do senhor Z, em 1995, o Stuyvesant começou a investigar um professor de inglês por descrever fantasias sexuais e sua rotina de masturbação durante a aula. Ele havia falado sobre ter um sonho no qual estuprava uma criada que tinha o rosto da esposa. Uma outra aluna disse que ele lhe pediu que brincasse com ele do jogo de girar a garrafa, dispensando-a depois de escrever uma redação porque ela era "bonita". Ele foi suspenso por alguns meses e, quatro anos mais tarde — depois que um outro homem, um vice-diretor, foi preso por acariciar e se expor para uma caloura —, foi suspenso novamente. Da primeira vez, porém, a indignação dissimulada na escola só durou enquanto perduraram os artigos de jornal. Realizamos uma breve assembleia de estudantes para debater o assunto e seguimos em frente.

Meu professor favorito, de francês, também teve reclamações contra ele arquivadas. Mas ele era elegante e usava ternos para dar aula, e perguntava a mim e às minhas amigas de que tipo de vinho gostávamos. Então, como não soubemos com clareza os detalhes das acusações contra ele, minhas amigas e eu tivemos a forte convicção na época de que elas não passavam de uma completa mentira. Ele não *precisava* ficar assediando ninguém.

Um dia, enquanto esse professor caminhava junto a mim e uma de minhas amigas na Chambers Street, ele nos contou sobre a garota — uma menina problemática, como ele a chamou — que havia inventado mentiras a respeito dele.

Eu estava tentando ajudá-la, orientá-la!, disse ele. *Mas, como ela sabia que mesmo assim ia ser reprovada na matéria, foi assim que ela reagiu. Ela é muito problemática.*

Senti-me muito madura e importante por ele estar confiando em nós, e nunca me ocorreu que talvez um professor não devesse discutir as alegações de assédio sexual contra ele com uma estudante de 16 anos. O fato de isso, por si só, já ser uma forma de ultrapassar os limites passou-me despercebido. Porque éramos *tão espertas*. Então, apenas assentimos com um gesto de cabeça.

É, ela era mesmo muito perturbada.

O edifício de Stuyvesant em Tribeca era novinho em folha quando iniciei o ensino médio — dez andares de corredores e armários, salas de aula e laboratórios que nunca haviam sido utilizados. Atravessávamos uma passarela suspensa sobre a West Side Highway para entrar no prédio, no segundo andar. Tudo era imaculado, mas as escadas rolantes estavam sempre quebrando.

Havia um corredor no terceiro andar da minha escola no qual meus amigos e eu marcávamos de nos encontrar quando matávamos aula. Chris provavelmente era o único outro aluno que passava tanto tempo ali quanto eu. Ele guardava um travesseiro no armário e deitava-se no chão, os jeans folgados enrolados na altura do tornozelo para exibir suas meias estilo néon. Ele andava de *skate*, carregava um aparelho de som a tiracolo e tinha enormes olhos azuis. Brincávamos que éramos Cliff e Norm, de *Cheers*,* os "clientes regulares".

Certa noite, em uma festa na casa de um amigo no Brooklyn, eu assistia, de uma janela no andar de cima, uma amiga — mais uma bailarina — executar movimentos de balé na calçada enquanto Chris a ajudava, segurando sua mão. Tentei encontrar um lugar para dormir, vagando de quarto em quarto, mas nenhum deles estava vazio. Então, bebi mais de um litro de cerveja Olde English e concordei em ir ao porão com um cara loiro e baixinho chamado Mick. Nós dois vestíamos camisetas brancas com gola V. O chão do porão era frio, e Mick ficou tentando colocar as mãos por baixo da minha calça. *Você nem gosta de mim*, eu disse a ele. Ele me garantiu que eu era "*mó gente boa*".

---

* No Brasil, essa série foi apresentada pelo canal por assinatura Sony Entertainment Television, entre 2003 e 2004. (N.T.)

Mick continuou pressionando meus seios um contra o outro com as mãos, o que achei estranho, mas renderia uma boa história para contar às minhas amigas depois. Levei algum tempo para perceber que, fazendo aquilo, e depois posicionando minhas próprias mãos em meus peitos, o que ele na verdade queria era colocar seu pênis entre eles enquanto eu os segurava daquela maneira. Ri dele. *Caramba, você tá falando sério?*, perguntei. Em vez disso, bati uma punheta pra ele.

Quando estava quase gozando, ele apanhou uma camiseta branca do chão, ejaculou nela e me entregou. *Desculpe*, falei. *Essa era a sua camiseta.* Um olhar de repulsa surgiu em seu rosto enquanto eu pegava minha camiseta com gola V limpinha, dirigindo-me às escadas depois. Mais tarde, naquela noite, ele ficou com a amiga da irmã mais nova de nosso anfitrião. Meus amigos e eu rimos de como ele conseguira realizar isso usando uma camiseta coberta com a própria porra.

Alguns meses depois, após Chris e minha amiga bailarina terem rompido, fiquei com ele durante uma festa em minha casa. A claridade começava a entrar pelas janelas e quase todo mundo estava dormindo ou tentando fazer isso. Estávamos deitados um ao lado do outro, em um quarto onde havia cinco ou dez outras pessoas dormindo. Demos uns amassos e eu bati uma punheta para ele — surpresa ao descobrir que ele não era circuncidado —, escrevendo no meu diário na manhã seguinte: "Sou a mina. Sou legal pra caralho".

Ele passou a namorar outra pessoa, partindo meu coração, mas alguns anos depois dormi com ele, continuando a fazer isso esporadicamente durante algum tempo, sempre que estávamos entre relacionamentos ou, às vezes, mesmo que estivéssemos comprometidos. Ia vê-lo atuar como DJ em um bar horrível que permitia a menores de idade beberem sem nenhuma restrição, até que ele terminasse seu trabalho. Quando o bar fechava, e ele voltava para o porão onde morava no Brooklyn, fazíamos sexo. Ele disse que se imaginava me comendo de quatro quando se masturbava, e uma manhã, quando me levou para casa no Queens, enfiou a mão dentro da minha calça e colocou um dedo lá dentro — *Quero pensar em você molhada no caminho de volta para casa* —, então, é difícil lamentar demais sobre que fim levou esse cara.

Sempre houve rumores em nosso colégio sobre um apartamento que três professores tinham juntos perto da escola, onde se revezariam levando alunas, mas ninguém nunca soube, de fato, se isso era verdade. E, mesmo que fosse, não tinha a menor importância para nós, porque achávamos que éramos tão cosmopolitas, que a ideia de professores conspirando para molestar alunas não nos passava a impressão de ser algo criminoso, apenas patético e repugnante — a tal ponto, que tornou-se piada entre minhas amigas o fato de um professor que me conhecia desde os 13 anos, um homem na casa dos 30, ter ligado para a casa dos meus pais em Woodstock e me convidado para "curtir" poucos dias depois de eu ter me formado. Eu tinha 17 anos na época. Ele se apresentou pelo primeiro nome, que eu nunca soubera, então demorei alguns minutos para perceber que o homem que me convidava para ver um filme era o mesmo que havia me dado aulas por anos. Não me lembro do que respondi a ele, apenas que foi alguma versão de "não".

Nunca me ocorreu que a escola deveria ser um santuário a salvo de toda a merda que acontecia lá fora; de homens que passam cantadas e dos exibicionistas, que ficam expondo suas partes íntimas no metrô; de tarados e pervertidos que abusam de você sem você se dar conta. Os homens eram assim mesmo. Ser uma garota era assim mesmo.

Poucas semanas antes do meu primeiro semestre de caloura terminar, esbarrei com o senhor Z no corredor e ele apontou para mim, sorrindo. Ele usava uma camisa listrada ligeiramente desbotada em uma ou outra parte do tecido, e sua barriga estava dependurada sobre as calças. *Senti sua falta!*, disse ele enquanto se aproximava de mim. Ele arfava, como se a caminhada pelo corredor houvesse lhe demandado grande esforço. Perguntou se eu ainda queria uma boa nota. Respondi que *claro que sim*.

Só me dê um abraço, então, ele falou, abrindo os braços. *Tudo o que quero é um abraço seu.*

Passei com louvor na matéria.

PARTE II

"Não vos apaixoneis por mim, vos peço, que eu sou mais falsa do que juramentos formulados sob o efeito do vinho."

— **Rosalinda,** *Como Gostais*, **William Shakespeare**

O QUINTAL

Meu pai tem uma história que gosta de contar sobre quando ele morreu. Ele estava trabalhando na lavanderia do pai — uma das pequenas empresas que meu avô abriu ao longo dos anos — quando caiu em uma cuba de fluidos de limpeza, e os vapores o sufocaram. Antes que se desse conta, estava inconsciente, e viu um túnel e uma luz à sua frente. Aquilo só teve fim, ele conta, quando meu avô o viu lá e puxou-o para fora do recipiente pela parte de trás da camisa. Ele diz que se sentiu deslocando-se do próprio corpo, até que seus olhos se abriram.

O nome do meu pai é Phil, mas, quando ele vivia em Woodstock, Nova York — onde ele e minha mãe construíram uma casa desde a fundação, sozinhos —, era conhecido como Philie. *Philie Lama*, nós o chamávamos, o budista ítalo-americano que frequentava espaços de meditação, mas que explodia se você lhe pedisse que abaixasse o volume da música ou fosse a um restaurante diferente do que ele gostava.

Meus pais sempre deixam de fora muita coisa quando falam sobre a infância deles, mas a violência transparece aqui e ali, aos pouquinhos. Rumores do meu pai atirando um homem pela janela de uma pista de boliche por ter surrado seu irmão mais novo. De minha mãe se escondendo de seu pai embriagado e tios que a tocavam de modo impróprio. De furtos em lojas (minha mãe) e de espancamento quase até a morte por um bando de garotos de um bairro rival (meu pai). Ou a razão por que você não deve confiar na polícia. Meu primo me contou certa vez sobre meu pai ter surpreendido um ladrão em nossa casa e tê-lo perseguido pelo quarteirão com um martelo. Não sei se ele o pegou e, se o fez, o que aconteceu depois.

Meus pais se casaram quando minha mãe tinha 17 anos porque estavam apaixonados, mas também para se afastarem de suas famílias, que os tinham desiludido de modo significativo ou tolo desde que eram pequenos. Atravessaram o país, deixando o Queens e se mudando para o estado de Washington em 1966 — fazendo todo o percurso de ônibus —, a fim de que meu pai pudesse procurar trabalho em uma fábrica da Boeing. Não ficaram lá por muito tempo.

Minha tia, a irmã de meu pai, ao completar 21 anos, já era casada e tinha quatro filhos com um homem que era usuário assíduo de diversas drogas, e ainda por cima parecia sofrer de um distúrbio mental. Ele era amigo de meu pai. Como certa vez, ao telefone, ele parecia estar mal, conta meu pai, ele e minha mãe resolveram fazer uma visita e verificar. Quando meu pai entrou na casa, uma das crianças tinha uma expressão estranha e disse algo sobre o pai estar no porão. Meu pai desceu as escadas e encontrou seu amigo e cunhado enforcado lá embaixo. Ele nunca comentou sobre a aparência do corpo.

Então, ele e minha mãe ficaram no Queens, para ajudar com as crianças, todas com menos de 7 anos na época.

Ficaram até meus primos crescerem e minha família começar a se mudar para Westchester, a fim de sair daquele bairro. Em vez de deixar a cidade, meus pais compraram o alicerce de uma casa em Woodstock, ao norte do estado de Nova York, de um homem que não conseguiu continuar a construção. Ele havia destruído as costas tentando derrubar um dos celeiros da propriedade; havia dois deles, ambos com mais de cem anos. O homem cometera o erro de desmontar a estrutura enquanto ainda estava lá dentro. Ela desabara em cima dele, e ele colocou a casa à venda do jeito que estava, com um conjunto de plantas baixas que meus pais examinavam com frequência em nossa mesa de jantar no Queens.

Começamos a ir de carro todos os fins de semana, todos os verões, por anos, até meus pais terminarem a construção. Meu pai fez o encanamento; minha mãe, a fiação. Fizeram amizade com um artista e coletaram pedras no Esopus Creek, perto dali, para construir uma linda — ainda que meio inclinada — lareira. Minha irmã e eu fazíamos xixi do lado de fora da casa, ajudávamos a levar as tábuas de madeira para o andar de cima e subíamos os degraus de uma escada de pintor — antes de termos uma escada de verdade — para chegar aos nossos quartos, que ficavam lado a lado.

Depois de alguns verões, a casa ficou pronta, mas trinta anos depois ainda dá para ver indícios dos erros de construção dos meus pais. Os interruptores de luz são um pouco baixos e em lugares estranhos. Você abre a água quente girando a torneira para a direita, e não para a esquerda. O som se propaga em todos os lugares. Não há cômodo onde sua voz não seja ouvida.

Meu pai queria desesperadamente que eu tivesse sucesso, e eu queria desesperadamente agradá-lo, ser o exemplo brilhante, a prova viva de onde ele havia chegado. Quando fazia algo certo, bom, inteligente e digno, seus elogios eram efusivos, sufocantes. Erros, porém, nunca eram encarados como simples passos em falso. Qualquer falha era um indício infalível de uma inevitável espiral descendente. Sair-me mal em um exame não era apenas uma nota ruim em um teste, mas a evidência de uma inevitável derrocada ao ponto de onde ele e minha mãe haviam ascendido. As consequências de meus fracassos o atingiam de uma maneira que eu não conseguia entender.

Por isso, quando quase "levei bomba" em Economia no primeiro ano do ensino médio, ele começou a gritar assim que viu meu boletim. Levou-me para o nosso quintal e apontou para um grande vaso vazio que antes costumava conter uma pequena árvore dentro de nossa casa.

Ele me disse para pegá-lo e, quando argumentei que era muito pesado, ele se aproximou do meu rosto e gritou que, se eu não pegasse o vaso de plantas, se não o erguesse em meus braços, ele me daria uma surra. Então, eu o levantei.

Não se atreva a deixar essa porcaria cair, disse ele. E não o deixei.

Fiquei parada ali, deslocando o peso do vaso de um braço e joelho levantado para o outro, suando e chorando.

Nosso quintal — quase oitenta metros quadrados de concreto irregular — funcionava também como vaga de garagem, depois que meus pais verteram cimento no meio-fio para fazer uma rampa e instalaram portões que se abriam para a rua. Fora um último recurso — não muito lícito — para impedir que nossos pneus fossem roubados e as janelas do carro, quebradas. Por algum tempo antes disso, tivemos um carro que meus pais compraram por 110 dólares, porque achavam que, se fosse roubado, não seria grande coisa. E ele foi mesmo roubado.

Uma cerejeira crescia em um solitário espaço de terra numa rachadura do concreto. Meus pais a tinham plantado quando eu era criança, sem grandes expectativas, mas a cerejeira continuava crescendo — seus ramos se derramavam por cima do portão de tal forma, que as pessoas que passavam podiam arrancar cerejas sem alterar o ritmo de seus passos. Todos os anos, minha irmã e eu esperávamos as cerejas aparecerem — primeiro, o verde nos ramos; depois, as flores brancas; e, então, as frutas — e disputávamos quem subia mais alto na escada para escolher "as melhores", sem se machucar.

A árvore começou a produzir tantas cerejas que meus pais não sabiam o que fazer — de 45 a 90 quilos por ano —, por isso, meu pai enchia sacos de papel pardo com elas e dava cerejas a vizinhos, donos de lojas ou a quem parasse para olhar a árvore. *Você gosta de cerejas? Leve um saco!*

Meu pai brincava que a sombra da árvore, que alcançava a calçada, tornava o local "romântico" para os homens que estacionavam lá com prostitutas. Uma vez, porém, quando um taxista recebia um boquete ali, enquanto caminhávamos lá fora em um domingo à tarde, meu pai começou a bater no capô do carro. *Cai fora, caramba! Tem crianças aqui!*

Já estava segurando o vaso de planta havia pouco mais de uma hora, acho, quando meu pai saiu pelas portas de vidro deslizantes e gritou para eu colocar o vaso no chão e entrar no nosso carro. Ele dirigiu por um curto espaço de tempo e estacionou na frente do grande prédio de uma fábrica que ocupava quase todo o quarteirão. Parecia estar fechado, mas as janelas eram mantidas abertas com o apoio de catálogos telefônicos e varetas. Ele me disse que bastavam alguns poucos erros para acabar trabalhando em um lugar como aquele.

Que, se não aproveitasse tudo o que ele e minha mãe haviam construído para nós, eu poderia escorregar facilmente.

Depois disso, passei a dar o melhor de mim para não falhar em nada, porém, quando inevitavelmente o fazia, dava mais duro ainda para compensar essas falhas. Sabia que meu pai me amava, mas sabia também que ele amava meus sucessos na mesma medida. Que eles preenchiam algo nele que eu por mim mesma não era capaz.

Foi pelo mesmo motivo, imagino, que meu pai me dissuadiu de aceitar cada trabalho de garçonete e *bartender* que pensei em ocupar durante a faculdade e aos meus vinte e poucos anos. Ele me disse que era fácil, quando se tem dinheiro de verdade no bolso, simplesmente desistir da escola, porque a alternativa é mais sedutora. Os trabalhos de meio expediente que tive no *shopping* ou em sua loja, vendendo roupas e *lingerie* para mulheres mais velhas, suponho, pareciam-lhe menos perigosos. E, embora eu não conseguisse imaginar um futuro em que tivesse deixado a escola para servir mesas — algo tão distante da realidade que meus pais haviam cultivado cuidadosamente para mim —, para eles, para *ele*, isso era questão apenas de um passo em falso à espreita. Mas minha família — tias, tios e primos — era formada por garçonetes e açougueiros, além de algumas pessoas que trabalhavam em escritórios, porque meu tio, a única pessoa na família que frequentara uma faculdade, a escola noturna em Queens por anos, arrumara tais empregos para eles. Eu não via nada de errado nisso, ser como o restante de minha família, mas sabia que para os meus pais não podia haver nada pior. Que aquelas não eram escolhas aceitáveis. Sabia que o que eu fazia, o que eu conquistava, não era apenas por mim. Talvez não fosse nem um pouco por mim.

Então fiz o que deveria fazer — incorporei à minha vida as coisas que meus pais desejavam para si mesmos, às vezes até mesmo com severas objeções.

Durante uma viagem de férias de verão à Flórida quando criança, para visitar meu avô e sua esposa, que não era minha avó de verdade, meu pai cometeu um erro. Íamos à praia todos os dias e, certa manhã, a areia estava recoberta por cadáveres azuis e brancos inchados de águas-vivas de tamanhos variados.

Eu era uma boa nadadora, mas o grande número de águas-vivas mortas na praia me assustou, e não queria entrar na água. Meu pai conta que ele me levou para uma longa caminhada naquele dia ao longo da praia, falando-me sobre como era importante seguir em frente e fazer as coisas mesmo quando você tem medo. Que eu não precisava me preocupar tanto, que deveria entrar na água. Que não havia águas-vivas no mar. Então, eu nadei.

Claro que foi questão de apenas alguns minutos até sentir uma ardência na perna, irradiando para a coxa. Quando voltei para a areia, minha perna estava vermelha e inchada, e gritei para o meu pai que ele prometera que aquilo não aconteceria.

O episódio rendeu uma boa história para meus colegas de classe quando voltei para casa, e a água-viva — que eu nem chegara a ver, apenas sentira — aumentava de tamanho cada vez que eu repetia a história para um novo amigo.

Chegou um momento em que o conhecimento de meu pai já não era suficiente para me ajudar. Aconteceu por volta do ensino médio, creio eu, quando meus pais não conseguiam mais acompanhar meu dever de casa. Mais tarde, quando chegou a hora de pesquisar escolas e me candidatar a faculdades, de certa forma estava pior com eles do que teria estado sozinha.

O conselho deles se baseava por completo no que desejavam para mim, e não no que era possível. E, por querer tanto agradá-los, não lutei o suficiente para lhes dizer algo que não fosse o que queriam ouvir.

Foi assim que me peguei sendo conduzida a passeios por faculdades completamente fora do meu alcance — escolas como Wesleyan, para onde meu pai queria tanto que eu fosse, que me fez visitá-la duas vezes, a segunda para ter uma entrevista informal com um líder estudantil que poderia me recomendar. Balbuciei algumas palavras e fiquei corada durante toda a nossa conversa — nunca havia conhecido uma pessoa de idade próxima à minha que falasse tanto como um adulto.

No final, eles ficaram satisfeitos quando me decidi por Tulane entre um punhado de outras universidades decentes que me aceitaram. Apesar de ficar distante, quando meus pais viram os edifícios do *campus*, a hera e a grama, o lugar lhes pareceu exatamente como as universidades deveriam ser e, por isso, sentiram-se felizes e orgulhosos.

Quando meu pai teve um ataque cardíaco durante minhas férias de inverno alguns meses depois, ele me fez prometer, enquanto os médicos o atendiam, que eu ficaria na faculdade. Saí para o estacionamento e fumei um cigarro. Não tendo alcançado os níveis exigidos pela universidade, minha permanência lá estava sob avaliação, e eu quase não ia às aulas, mas sabia que não podia contar isso a ele.

Todas as minhas conquistas eram conquistas dele, mas todos os meus fracassos eram apenas meus, embora não quisesse encarar esse sozinha. Então, não falei nada. Voltei para a escola, mas não para as aulas, e disse aos meus pais que não voltaria para o segundo ano. Eles me convenceram a dirigir até Albany, Nova York, onde me inscrevi como estudante não matriculada na Suny (Universidade do Estado de Nova York) e me mudei para os dormitórios destinados a estudantes de transferência: quartos pequenos com camas gêmeas de metal e uma pequena geladeira quadrada embaixo da janela. Mesmo lá, não consegui entrar nos eixos.

Saía com rapazes e bebia com frequência, matava aulas e mentia para os meus pais. Levei dois anos para me equilibrar, mas consegui me formar, a duras penas. Não conseguiria ir à cerimônia de formatura, então compareci a uma recepção menor e informal para os formandos de Inglês, trajando um vestido de alcinha, e não uma beca de formatura. Mais tarde, naquele dia, fomos até Woodstock com meu namorado à época, para comemorarmos com um jantar.

Alguns anos atrás, meus pais perceberam que não tinham condições financeiras para continuar em nossa casa no Queens, mas que famílias jovens e descoladas pagariam um aluguel polpudo para morar lá. Eles se mudaram para um pequeno apartamento em Astoria, que costumava ser meu, e comprimiram seus móveis nos pequenos aposentos, praticamente grudando-os às paredes. Por volta dessa mesma época, a cerejeira no nosso quintal começou a morrer, uma doença que foi envolvendo seu tronco e teve como resultado a produção de cada vez menos cerejas. Não me contaram quando a cortaram — vi o toco que sobrou quando passei por lá um dia, para espiar por cima da cerca e ver como a casa estava sem nós.

Pareceu-me menor do que me lembrava.

GAROTOS

O sofá lá embaixo era o melhor lugar para dar uns amassos. O ambiente aberto e sem paredes de nossa casa pode ter passado aos meus pais a sensação de que nada *tão* ruim assim poderia acontecer sob o nariz deles depois que subissem para dormir, o quarto deles estando bem em cima de nós. Mas a vantagem de viver com seus pais em um espaço que parece um *loft* é que você sempre pode vê-los chegando.

E, assim, o sofá da sala de estar tornou-se o lugar em que eu "assistia a filmes" com garotos até tarde da noite, minha cabeça na lateral do sofá permitindo enxergar a escadaria aberta, vigiando qualquer movimento vindo de cima.

Da primeira vez em que fiz sexo, entretanto, estava em um pequeno quarto de um prédio de três andares, sem elevador, em Park Slope, no Brooklyn. Os pais do meu namorado, Jay, trabalhavam até tarde da noite, por isso sempre tínhamos o lugar todo apenas para nós depois da aula. Após o ato — cuecas *boxer* estampadas com peixinhos vestidas novamente, um moletom vermelho com capuz da Gap deslizado de volta sobre minha cabeça —, Jay escreveu nossas iniciais em um coração e a data na parte inferior de uma prateleira que pendia sobre sua cama, de forma que apenas a pessoa que estivesse deitada pudesse ver.

Íamos para sua casa na maioria dos dias, porque o Brooklyn era mais próximo de nossa escola, que ficava em Tribeca, do que minha casa no Queens. Pegávamos o trem F até a 7th Avenue com a 9th Street e desviávamos alguns quarteirões do caminho quando íamos para a casa de Jay, porque havia um grupo de garotos do bairro que o roubavam e incomodavam no trajeto para lá.

O melhor amigo dele e minha melhor amiga nos tinham apresentado; suas famílias passavam o verão juntas na mesma colônia ao norte de Nova York. Eu tinha treze anos e era caloura, e não entendi o que era uma colônia de verão, mas achei que soava como uma coisa de gente rica. Ele estava no terceiro ano e era bem-apessoado, mas meio esquisito do modo como são todos os garotos de 16 anos — usava aparelhos nos dentes e tinha cabelos repartidos no meio um pouco lambidos, embora possuísse a suprema confiança de alguém que se acha mais legal do que realmente é. Ele fazia grafite em caixas de correio e paredes de metrô, ou grudava adesivos com sua assinatura já rabiscada neles com marcador preto, se precisasse ser rápido.

Torno-me mestra na arte de bater punheta por sob as calças. Penso que essa é uma estratégia para distrair Jay de sua campanha, que já dura meses, sobre os motivos pelos quais devemos fazer sexo (principalmente porque ele não quer ser ainda virgem ao completar 17 anos). Contudo, ver tantos pênis no metrô, moles e de aparência patética, não me deixa exatamente ávida por olhar o dele assim tão de perto. A simples ideia de que alguém que me ama de fato ter um parece-me meio chocante. Por isso, faço o que posso para dar uns amassos e ser uma boa namorada, sem ter que enfrentar esse fato.

Espero me sentir diferente depois do sexo, mas não me sinto. Até mesmo o ato em si é um pouco decepcionante. É apenas doloroso, no geral. O amigo de Jay telefona enquanto transamos e ri quando percebe o que está acontecendo do outro lado da linha. Peço a Jay que se apresse, várias vezes, porque quero que aquilo acabe. O sexo fica melhor com o passar do tempo. Depois de fazer algumas vezes.

Por precaução, já que vinha se tornando cada vez mais claro que o desconforto inicial estava sendo superado, vou com Jay a uma clínica que descobri por meio de uma amiga — um lugar onde vou poder ter minha primeira consulta ginecológica e começar a tomar pílulas anticoncepcionais sem que elas apareçam no seguro de saúde dos meus pais. O exame em si não é tão desagradável quanto eu pensava que seria — fico feliz que a médica seja uma mulher — e me dão pílulas de graça para seis meses. Tudo o que tenho de fazer, diz ela, é voltar lá depois, que ela me dará mais por alguns dólares o pacote. Sinto-me uma adulta, mas fico envergonhada alguns meses depois quando minha irmã de 12 anos me conta que minha mãe havia encontrado as pílulas e imediatamente começara a chorar. Ela sempre me pediu que a procurasse no caso de eu querer buscar o controle de natalidade; que poderia conversar com ela sobre isso, e agradeço por ter percebido antes que essa sempre fora uma mentira bem-intencionada.

Jay parece estar sempre preocupado com o lugar onde estive e se eu lhe mentiria a respeito disso. Uma vez, quando tínhamos de nos encontrar em algum lugar no centro da cidade, mas os trens estavam atrasados e não consegui encontrar um telefone público funcionando para avisá-lo, ele me acusou de inventar o atraso do trem para encobrir o fato de estar atrasada. E de provavelmente estar em outro lugar, pensou ele. Seu primo me conta que Jay havia planejado me dizer que havia ligado para o serviço de trens e que eles tinham lhe dito que não havia atraso algum nos trens, só para ver como eu reagiria. Para me flagrar em uma mentira. Não sei por que ele decide não fazer isso.

No Dia dos Namorados, ele me presenteia com um bipe. O *pager* azul translúcido vem em uma caixa de gravata envolta em papel de seda e repleta de doces em formato de coração com frases bonitas escritas neles. Desse jeito, ele diz, vai poder sempre estar em contato comigo.

Brigamos muito, e, quando vou a um clube com minhas amigas no centro da cidade em meu segundo ano, fico com um garoto na pista de dança que estuda na Bronx Science. Ele beija razoavelmente bem, mas é muito melhor do que Jay. É mais alto também. Conversamos pelo telefone durante algumas semanas enquanto ele tenta me convencer a terminar com meu namorado. Na verdade, acabamos mesmo rompendo algumas semanas depois, e tento levar Jay a acreditar que essa ideia foi dele.

Continuo saindo com meus amigos da Bronx Science nos fins de semana, fumando maconha atrás dos prédios antes de pegar um táxi para o "clube" — uma boate de *striptease* masculino durante a semana que se transforma em balada para adolescentes aos sábados e domingos. Meus pais permitem que eu vá, desde que um amigo, ou um amigo de um amigo, seja o *promoter* — uma maneira elegante de dizer que você reúne pessoas para aparecerem lá e seu nome é escrito em um *flyer*. Posso ficar até meia-noite ou uma da manhã, hora que meus pais vão me buscar a um quarteirão dali, para que ninguém me veja entrar no carro deles.

Jay me liga para me contar que havia dormido com outra garota e tudo em que conseguiu pensar o tempo inteiro era como precisava fazer xixi. Digo ao meu garoto da Bronx Science que não posso ser sua namorada, que estamos apenas "saindo", mas mesmo assim sou apresentada à mãe dele no jantar, certa noite, no Upper West Side.

Quando Jay descobre sobre o relacionamento, ou o que quer que tenha sido aquilo, as coisas mudam com rapidez. Ele fica desesperado para reatar. Primeiro, arromba meu armário e deixa um envelope com "Mentiras..." rabiscado nele — dentro do envelope, estão cada um dos bilhetes ou cartas que eu havia escrito para ele. Quando isso não funciona, invade minha casa e me deixa flores ou — certa vez — uma foto enorme de si mesmo com os braços abertos. Quando eu, por fim, concordo e o aceito de volta, ele me faz levar a coletânea que o garoto da Bronx Science gravara para mim. Ele esmaga a fita cassete com o pé até quebrá-la e depois arranca a fita magnética.

Conheci Jack dois anos e meio depois, após Jay partir para a faculdade e começar a namorar uma menina com um *piercing* no lábio que gravou uma mensagem em sua secretária eletrônica na qual parecia estar tendo um orgasmo: *Jay... não está, oh, meu Deus, aqui, agora, sim, sim...*

Jack era o cara mais bonito que eu já tinha visto de perto. Nós nos conhecemos em Saugerties, Nova York, em um churrasco no qual ele cuidava da grelha, vestindo uma regata e calças jeans, todo músculos e sorrisos, com uma tatuagem de trevo no ombro. É o vigésimo aniversário dele e eu, aos 16, sou a pessoa mais nova ali, mas também sou de Nova York, o que parece nivelar a disparidade. Não consigo parar de olhar para ele.

Não conversamos nadinha, mas no dia seguinte ele me liga para me convidar para ir ao cinema — a primeira vez que me convidaram para um encontro apropriado —, e fico empolgadíssima. Não me lembro do filme a que assistimos, mas depois do programa ele me leva para casa e nos sentamos no sofá dos meus pais, na casa em Woodstock, e conversamos até as duas da madrugada, até que finalmente ele me beija. Só me resta um mês no norte do estado antes do início do meu último ano, então passamos todos os dias juntos; depois de uma semana, Jack me diz que está apaixonado por mim. Digo aos meus pais que ele tem 18 anos.

Meu pai está horrorizado com Jack, que não frequenta a faculdade, mas, em vez disso, trabalha no balcão de uma academia perto de sua casa, atendendo a clientes esporádicos como *personal trainer*. Ele me pergunta o que eu vejo nele, e eu respondo, embevecida: *Você olhou para ele?!*

Jack tem um metro e noventa de altura e um corpo esculpido — meio que como uma estrela de cinema ou *stripper*. Ele me deixa tirar fotos dele sem camisa no chuveiro, as mãos para cima apoiadas na parede, posando. Poucos meses antes de nos conhecermos, ele tirou fotos para tentar a carreira de modelo ou ator. Ele malha quatro horas todos os dias. Como estamos apaixonados, ele decide se mudar para a casa do pai, que vive no Queens, para ir atrás de qualquer carreira que essas fotos possam trazer.

Antes de deixarmos Woodstock naquele verão para voltar a Nova York, no entanto, minha mãe — depois de vasculhar minha mochila — encontra um pequeno cachimbo para fumar maconha e alguns preservativos. Ela diz que quer dar uma volta comigo para conversarmos sobre sexo, mas recuso o convite. Ela grita que ninguém nunca vai querer se casar comigo se eu continuar fazendo sexo com garotos. Quando ela me põe de castigo, percebo que é por causa dos preservativos, e não por causa da maconha. Ela nega isso. Diz que manteremos o castigo em segredo, sem contar para meu pai, e não tenho certeza se é porque ele ficará muito bravo e ela está me protegendo, ou se é porque ele vai achar meus delitos comuns e ela está protegendo a si mesma e a autoridade dela sobre mim.

De volta a Nova York, arrasto Jack para todo baile escolar que consigo, toda festa em residências. Meus amigos do sexo masculino, magricelas se comparados a ele, ficam impressionados, mas com um pouco de medo dele também quando fica embriagado e torna-se agressivo. Certa noite, em uma festa na minha casa, ele soca a tela de uma janela no andar de cima. Em outra noite, enche a banheira e enfia a cabeça embaixo d'água até eu concordar em parar de brigar com ele.

Para alguém de fora, uma garota de 16 anos que namora um homem de 20 parece uma péssima ideia. Na maioria das vezes, de fato, é. Mas Jack era ingênuo, e eu estava mais no controle do que ele. Embora fosse com ele que havia experimentado bebida destilada (Goldschläger) pela primeira vez, e ele fosse mais alto do que qualquer outra pessoa que eu conhecesse, fiquei empolgada com ele. Lembro-me de ter reparado no contorno de seu corpo na primeira vez em que ele ficou em cima de mim — enorme e musculoso — e pensado que é assim que deve ser transar com um homem. Nada de braços esqueléticos ou pelos faciais escassos de adolescente, apenas robustez.

Entretanto, uma vez em seu quarto — um pátio fechado que a mãe transformou em quarto para ele —, o sexo parece diferente. Quando vou ao banheiro depois, a metade superior de um preservativo cai de dentro de mim. Minha amiga bailarina assume o controle e me diz que vai se informar com alguns médicos a respeito de uma pílula da qual ouviu falar, que você pode tomar depois do sexo para ter certeza de que não vai engravidar. Ela chama isso de *pílula do dia seguinte*, então, quando eu vou ao médico que minha amiga encontrou para mim, escrevo a mesma coisa no espaço que diz *Motivo da consulta*. É a primeira vez que vou me consultar com um ginecologista do sexo masculino e começo a entrar em pânico até perceber que ele vai manter a enfermeira na sala o tempo todo.

A medicação me faz vomitar um pouco, mas, fora isso, estou bem, e Jack não consegue acreditar que eu dei um jeito de arranjar isso sozinha. Depois de mais ou menos sete meses de namoro, entretanto, ele para de ligar. Não aparece na minha casa quando diz que está vindo. Apesar de me vangloriar para meus amigos sobre ter esse troféu de namorado, fico arrasada quando, por fim, ele me diz pelo telefone que quer romper. Que a atração era apenas física e que não há nada realmente além disso.

Meus amigos, sendo gentis, ajudam-me a fazer uma lista das razões pelas quais na verdade é uma excelente notícia ele não querer continuar o namoro, incluindo o fato de raspar as pernas e os testículos, usar desodorante de mulher e não fazer sexo oral. Passamos o "dia do saco cheio" no *campus* da Universidade de Columbia, na zona chique da cidade, fingindo ser estudantes e fumando maconha. Depois que ficamos tão loucões quanto desejamos, vamos ao restaurante Tom's, na esquina da 112th Street com a Broadway, e pedimos batatas fritas e palitos de muçarela.

Passo o restante do ano letivo, meu último no ensino médio, fumando maconha e ficando com meus amigos — embora ninguém pareça tão adulto ou bonitão como Jack. No dia em que os anuários saem, reparo que minhas amigas pagaram para fazer um anúncio juntas, felicitando-se mutuamente e posando uma com a outra em um *box* que ocupa um quarto da página. Pouco depois, um amigo meu do sexo masculino me diz que elas planejaram uma viagem à Europa juntas durante o verão, antes da faculdade, e pediram às pessoas que não me contassem porque achavam que seria melhor assim.

Só me resta trabalhar na loja dos meus pais no Queens e arrumar meu quarto, que costumava ser um *closet*.

FACULDADE

Antes de Paul e eu rompermos o namoro, tive um sonho em que flutuava lentamente em direção ao céu, capaz de fazê-lo por causa de uma pequena azeitona verde na minha mão. Paul está lá embaixo na superfície, e continuo lhe jogando pedaços de azeitona, bocadinho após bocadinho, para que ele possa flutuar comigo. Logo, porém, tudo o que me sobra é o caroço — Paul está com todos os pedacinhos verdes na palma da mão dele. Mas, ainda assim, permanece preso ao chão.

 Conheci Paul quase quatro anos antes, por intermédio do meu fornecedor de drogas, um cara alto e rico que morava em meu dormitório em Albany — a segunda universidade que tentei — e vendia *ecstasy* e maconha. Estava com uma amiga, dançando no porão de um bar que tinha sido transformado em uma "boate" com pista de dança iluminada por refletores, com folhas de palmeira recobrindo as paredes da escada da entrada. Minha amiga usava uma camisa de veludo azul-claro porque achamos que o toque dela seria bom quando começássemos a ficar chapadas, o que se provou verdadeiro, e logo depois nos encontramos com Lou para pedir mais pílulas.

Ele me apresentou a Paul, que tinha quase a mesma altura que eu, 1,65 metro, e cabelo avermelhado. Brinquei com ele que nunca havia conhecido um italiano ruivo, e ele me mostrou como, se segurasse um isqueiro sob um inalador Vick e então soprasse a fumaça no meu rosto, eu sentiria um barato durante alguns segundos, enquanto o mentol atingia minha garganta e olhos.

Dormimos juntos naquela noite, conversando até as quatro da manhã e comendo biscoitos Oreo no quarto que ele dividia com um colega, no andar abaixo do meu. Mais tarde, ele se mudou para um quarto no meu andar, tomando o lugar de um cara que eu deixei me chupar uma vez, só para provar que era tão bom quanto dizia ser. (Ele era bom mesmo.) No dia seguinte, Paul foi me ver no meu trabalho, no escritório administrativo do dormitório, levando Gatorade e mais Oreos. Tornamo-nos um casal no mesmo instante.

Paul é do Bronx, mas seus pais se mudaram para Westchester quando acharam que ele estava arrumando muita encrenca na cidade de Nova York. Tivemos conexão imediata devido ao fato de ambos estarmos nos transferindo para uma nova universidade, termos sido criados em bairros de italianos e sermos inteligentes, embora não soubéssemos direito o que fazer da vida.

Estávamos sempre na estrada e passávamos mais tempo no carro de Paul do que em qualquer outro lugar: de Albany para Nova York, de Nova York para Westchester, de Westchester para Woodstock, de Woodstock para Albany. Uma noite, o motor do carro dele fundiu e tivemos que passar a noite em um motel de beira de estrada, que aceitou o número do cartão de crédito da mãe de Paul escrito em um guardanapo como forma de pagamento. Não levávamos nenhum dinheiro em espécie conosco, e a única coisa que tínhamos para comer era o colar de balas que havia comprado em uma parada de descanso na estrada, então, tiramos as balas do cordão elástico e fizemos uma barraca entre as duas camas do quarto, porque dormir no chão pareceu-nos mais divertido e higiênico do que dormir nos lençóis daquele motel.

Em outro passeio, estávamos na Taconic e eu chupava Paul enquanto ele dirigia. Fomos parados por um policial porque ele estava ziguezagueando, mas não tomamos multa, nunca tomávamos, pois Paul mantinha o cartão do negócio de seu pai — ele é carpinteiro do Departamento de Polícia de Nova York — no painel do carro. Ele conseguiu puxar as calças, mas não fechá-las, antes que o policial chegasse à janela. Rimos disso durante o restante da viagem.

Sua mãe colecionava patos e maçãs, e certa noite, enquanto estávamos chapados com maconha ou *ecstasy*, decidimos contar o número de maçãs no papel de parede, no saleiro e no pimenteiro, nos ímãs de geladeira, e como frutas falsas de enfeite em uma tigela. Chegamos a cem antes de desistir.

No último ano, fomos morar juntos em um apartamento de um quarto por quinhentos dólares mensais de aluguel, situado na Albany's Madison Avenue, entre um bar caidaço e o museu estadual. Paul me deu uma gatinha que chamamos de Neidra, tendo ouvido errado nosso professor de yoga falar sobre yoga nidra. Nas férias, ele trabalhava em um supermercado e eu ficava em Nova York como monitora de pré-escolares num acampamento de verão. Durante o ano letivo, trabalhávamos no *shopping* de Albany, em lojas adjacentes, para ajudar a pagar as contas: eu na Body Shop, vendendo loções e perfumes para mulheres mais velhas e namorados nervosos; ele na

Lids, vendendo bonés de beisebol para outros estudantes universitários.

Sem saber, compramos o mesmo par de tênis New Balance e, muito embora o dele fosse "masculino" e o meu "feminino", calçávamos quase o mesmo número de sapatos, às vezes nos confundíamos e usando os tênis um do outro. Quando comecei a cursar a matéria Feminismo e amar as aulas, ele ficou feliz. Fazíamos juntos as aulas sobre Shakespeare, e ele me disse que gostaria de ser professor, embora sua família desejasse que obtivesse um diploma na área de negócios. Ele derramava café em si mesmo todas as manhãs. Cheirávamos cocaína com uma colega das aulas de Feminismo na casa dela, quando não conseguíamos *ecstasy*.

Estava em um ritmo em que sentia ter encontrado meu lugar, afinal.

Eu só ia às aulas de vez em quando em minha primeira faculdade, a Universidade de Tulane, em Nova Orleans. Estava com 17 anos, longe de casa pela primeira vez, e não tinha certeza do que deveria fazer. Ia junto com as garotas do meu dormitório para festas e aulas que compartilhávamos, imaginando por que elas usavam calças de pijama lá fora e desejando estar em casa.

Minha única experiência com o que uma faculdade deveria ser tinha sido por meio de filmes, por isso fiquei chocada quando as novas amigas que fiz no meu dormitório começaram a tentar ingressar em fraternidades. Eu achava que isso era algo que apenas garotas super-ricas e esnobes faziam. Elas voltavam das atividades de recrutamento das irmandades queixando-se de que o rosto delas doía de tanto sorrir e de que estavam atrasadas nos estudos. Mas, mesmo assim, esperavam que todas fossem admitidas na mesma irmandade. Pagar por amizades, eu dizia, parecia-me patético. Além disso, era mais dinheiro do que eu poderia despender. Ainda assim, apesar de meus pais terem me ajudado a arranjar um trabalho por algumas horas por semana no *campus*, para ajudar na compra dos livros — trabalhando em uma creche —, desisti quando não consegui encontrar o prédio na primeira semana. Sentia-me muito envergonhada para pedir ajuda a alguém.

Escrevi uma carta aos meus pais no computador da minha colega de quarto, imprimindo-a e enviando-a pelo correio, dizendo-lhes que aquele lugar não se parecia com o mundo real. Que, quando você entrava no refeitório, as mesas eram racialmente separadas e que algumas das meninas no meu dormitório não moravam lá — os pais alugavam apartamentos para elas ali perto. Escrevi que a maioria dos estudantes bebia todas as noites e que as aulas eram mais difíceis do que eu esperava. Disse-lhes que estava claro para mim que meu lugar não era ali. Que talvez eu devesse voltar para casa. Anos mais tarde, encontrei essa carta guardada em uma caixa do meu pai, junto com cartões de aniversário que eu havia lhe dado e desenhos de quando era criança. *Achamos que todos os jovens na faculdade sentiam saudade de casa*, ele disse.

Kyle não teria sido minha primeira escolha para namorado. Tinha um sorrisinho de canto de boca, malicioso; seu forte sotaque de Boston era irritante e, como se tivesse saído do *set* de um filme da década de 1990, estava sempre usando o mesmo boné de atleta, branco e encardido. Mas também possuía braços fortes e um grande senso de humor. Por isso, quando ele me chamou para ver um jogo de futebol, aceitei. Fiquei feliz por ser incluída em algo que parecia tão universitário.

Só como amigos, ele disse. *Você não faz meu tipo.*

Conseguir um par oficial para a festa antes do jogo de Tulane era parte das atividades de recrutamento de sua fraternidade. Cada aspirante precisava aparecer com alguém e, já que brincávamos um com o outro nas aulas de Latim, dois céticos da Costa Leste em uma universidade particular do Sul, ele achou que eu daria um bom par. Peguei emprestado de uma garota do meu dormitório um vestido marrom de alcinha, prendi meu cabelo para trás com um grampo de *strass* cor-de-rosa, equilibrando-me com dificuldade em exagerados *scarpins* pretos, e fui até o caixa eletrônico perto do centro do *campus*, onde combináramos de nos encontrar, mesmo que morássemos no mesmo dormitório. Deu para perceber, quando ele me viu, que estava satisfeito.

Não me lembro de muita coisa sobre o encontro, além do fato de ele estar chapado e derrubar *nacho* no meu vestido marrom emprestado enquanto nos sentávamos na arquibancada. Voltei para o *campus* em um ônibus com algumas outras meninas cujos encontros tinham sido arruinados de modo semelhante. Ocorreu-me agora que o ônibus devia estar lá por esse motivo.

Kyle me ensinou a vomitar quando ficasse bêbada demais no início da noite, para poder continuar a beber mais, e me levava para noitadas de bebida *fifty-cent* (terças) e *penny pitchers* (quartas), então, quase todas as noites estávamos bebendo e, logo, trepando.

Nunca conheci ninguém que quisesse fazer sexo com tanta frequência, algumas vezes por dia, pelo menos — na maior parte do tempo em seu quarto no dormitório, apenas um andar abaixo do meu, às vezes no banheiro dos rapazes, onde ele tinha que entrar primeiro para verificar se tinha alguém lá ou se, como aconteceu mais de uma vez, alguém defecara no piso do chuveiro. Também nunca havia conhecido alguém cujo pênis fosse tão grande que, quando conseguia uma ereção, não se levantava, mas, em vez disso, destacava-se perpendicularmente ao corpo, muito pesado para se erguer por inteiro.

Sabia que ele guardava pornografia em várias caixas de sapato sob a cama — revistas e fitas de vídeo, a maior parte das quais tendo a ver com bundas e sexo anal —, mas ele me assegurou que todos os homens guardavam aquele mesmo tanto de pornografia e que aquilo era só diversão, embora eu não gostasse da expressão de dor no rosto de algumas das mulheres.

Seu colega de quarto, um garoto da Pensilvânia que estudara no mesmo internato que Kyle, bebia mais do que qualquer um de nós. Também fumava bastante maconha no quarto, vedando a fresta entre o piso e a porta com toalhas para que o conselheiro residente não percebesse e, às vezes, soprando a fumaça através de um tubo de papel higiênico com um lenço de papel umedecido preso com um elástico na ponta. Uma noite, Kyle e eu acordamos com ele fazendo xixi na gente, semidesperto. Eu não conseguia parar de rir, mas Kyle ficou furioso... e molhado — a urina encharcou o colchão e, por isso, ele precisou dormir no meu quarto. Ele odiava ficar no meu quarto.

Kyle estava tendo dificuldade para ingressar na fraternidade desejada. Suas notas não eram boas o bastante e, embora quisesse fazer parte da fraternidade conhecida no *campus* como a que mais consumia bebidas e mais dava festas, ele era mais agressivo do que a maioria dos homens de lá. Brigava com mais frequência. Os outros caras do seu andar tinham medo dele; evitavam-no quando estava embriagado. Um me perguntou por que eu saía com ele.

Minhas amigas desconfiavam de Kyle; a certa altura, uma garota do meu andar sentou-se comigo e sua colega de quarto para me contar que, algumas noites antes, enquanto estava bêbado, ele tentara beijá-la. Quando confrontado, Kyle me disse apenas que ela era uma vagabunda mentirosa. Outra amiga fez alegação semelhante, mas insisti em que ele estava muito embriagado para entender o que fazia. Logo ele começou a me criticar. Eu falava muito palavrão; garotas não deviam praguejar tanto. Por que eu queria ter orgasmo toda vez que fazíamos sexo? Isso lhe parecia muita avidez.

Uma noite, quando seu colega de quarto recebia alguns amigos, eu estava brincando com eles — sendo sarcástica, falando coisas tolas. Kyle ficou furioso e me acusou de humilhá-lo ao não lhe mostrar o devido respeito, algo que uma namorada deveria fazer. Quando perguntei se ele realmente havia dito que eu não deveria falar com outros homens, mesmo como amigos, ele respondeu depressa: sim. Estava bêbado na maioria das noites e com frequência procurava arranjar briga com outros caras. Ainda assim, quando ia para cama comigo, chorava por sentir falta de casa e da família, e me contou que era adotado — algo que, afirmou, nunca revelara a ninguém. Ele me disse que se sentia fraco.

Porém, quando fomos para casa nas férias de Natal, ele não me ligou. Mesmo depois que meu pai teve um infarto e eu telefonei para a casa dele chorando, ele só ficou ao telefone por alguns minutos antes de me dizer que precisava fazer uma coisa qualquer para a mãe. Rompemos no primeiro dia de retorno às aulas, e descobri que ele tinha convidado outra garota — de uma fraternidade — para sua primeira viagem oficial da fraternidade para a Flórida. Ele quis fazer sexo uma vez mais antes de nossa separação oficial, com o que concordei na boa, e, quando ele acabou, perguntei se eu algum dia fora de fato sua namorada.

Um dos amigos dele que morava no nosso andar me contou que ele terminara comigo porque eu tinha engordado muito no decorrer do primeiro semestre, e porque era muito "cheia de opinião". *Ele também contou que vocês faziam sexo anal*, revelou esse amigo com um sorriso. Insisti que era mentira, e era mesmo, mas o amigo respondeu que estava tudo bem se eu não quisesse admitir isso — *era de fato uma coisa bastante indecente*.

Apesar de me esforçar bastante, não havia conseguido ficar bêbada nas duas primeiras noites da semana do Mardi Gras* — apenas um pouco altinha, apesar de beber tanto quanto Kyle me ensinara. Então, minhas amigas e eu compramos Boone's Strawberry Hill e cada uma bebeu uma garrafa. Em seguida, entornarmos Jack Daniel's até vomitarmos no chão cinzento do quarto do dormitório.

Fomos a um bar chamado Boot que ficava tão perto do *campus* que bem podia fazer parte da universidade, com colares de contas no pescoço e carregando o que restava do Jack Daniel's. Não me lembro de muita coisa. Sei que havia uma multidão de gente, e vi o colega de quarto de Kyle lá. Quando uma canção terminou, ele me beijou, e eu deixei. Lembro que fizemos sexo, que eu pedi que ele não contasse a Kyle, e que a resposta dele foi rir.

De alguma forma, consegui voltar para o meu quarto e acordei algumas horas depois, quando ouvi Kyle gritando do lado de fora da

---

* Terça-Feira Gorda ou de Carnaval (N.T.)

minha porta para que eu saísse. Não queria que ele acordasse minha colega e, por isso, saí para o corredor de pijama e me sentei de costas contra a porta do meu quarto. Ele ficou de pé diante de mim, me dizendo que eu era o lixo mais sujo que ele podia imaginar.

Você compreende que não passa de uma vadia ordinária? Não respondi, mas não achava que ele esperasse de verdade por uma resposta. *Não consigo sequer olhar para você por causa da sua imundície. Você é um lixo de pessoa; você fede, sabia disso? Você é a porra de um lixo, e não quero ver você nunca mais, porque não me associo com porra nenhuma de vagabunda como você.* Ele continuou assim por um tempo, talvez cinco ou dez minutos, antes de ir embora. Não disse nada, só fiquei sentada ali. Lembro-me de ter ficado surpresa com o fato de ninguém ter saído do quarto, senão para ajudar, pelo menos por causa do barulho.

No meio da noite, ouvi vários homens do lado de fora da minha porta. *Abra, piranha!*, um deles disse. Reconheci uma das vozes como sendo a de um amigo meu que também conhecia Kyle. Coloquei meu travesseiro sobre a cabeça. Pela manhã, encontrei um preservativo colado na frente da minha porta com o que parecia ser sêmen dentro dele. A palavra VADIA fora escrita com marcador no quadro branco da porta. Pode ter sido VAGABUNDA. Não me lembro da palavra, apenas da definição. Como se o preservativo não fosse bastante claro.

Poucos dias depois, quando eu caminhava pelo *campus*, um dos irmãos da fraternidade de Kyle, alguém com quem nunca falara, mas cuja reputação de transar com calouras eu conhecia, deteve-me enquanto eu atravessava o gramado em frente a um dos prédios cobertos de hera. *Soube que você gosta de dar a bunda*, ele disse. Fiquei em silêncio e tentei passar por ele, desviando, mas ele deslocou o corpo para o lado, bloqueando minha passagem. *Talvez você goste de dar para mim.* Enquanto eu caminhava, ele cuspiu no trecho de grama sobre o qual eu acabara de pisar.

Liguei para o meu pai e, embora não tenha lhe contado toda a história, falei sobre o preservativo colado na minha porta e ter ficado com o colega de quarto de Kyle. Ele me disse que estava tudo bem. *Podia ter sido muito pior*, foram suas palavras. *Quando rapazes chegam a esse ponto, podem fazer coisas realmente ruins.* Tive sorte.

Parei de sair do meu quarto durante o dia. Não ia às aulas e ignorava as advertências enviadas por correio que chegavam à minha caixa postal no *campus*. Sabia que não queria estar lá no ano seguinte.

A primavera estava chuvosa, mas bela em Nova Orleans. Passei mais tempo caminhando pelos arredores do *campus* do que indo às aulas, esquivando-me das lagartas de mariposas que caíam das árvores. Elas eram gordas e bonitinhas, mas suas picadas doíam pra caramba.

Ouvi um rumor de que os pais de Kyle haviam aparecido no dormitório. Descobriram que ele estava sendo reprovado nas matérias e então o tiraram de lá, colocando todas as suas coisas na parte de trás do carro deles sem sequer lhe dar a chance de se despedir de quem quer que fosse. Quando expressei meu alívio para uma de minhas colegas de andar no dormitório, ela fez cara feia para mim. *É feio*, disse ela, *sentir prazer com a dor de outra pessoa.*

Antes de sair no final do semestre, recebi uma carta dizendo que, se quisesse continuar matriculada, precisaria fazer aulas de verão para compensar minhas faltas durante a primavera. Joguei fora a carta e disse a meus pais que queria ser transferida — omitindo que eu não tinha muita escolha.

Os amigos tiravam sarro de Paul e de mim por termos *basicamente nos casado* na faculdade, mas estávamos longe de ser perfeitos. Eu estava longe de ser perfeita. Um dia, enquanto estávamos na casa de Paul em Westchester, ele jogava videogames com seu irmão mais novo, sentado no chão em frente à cama que pertencia ao irmão do meio. O irmão do meio e eu estávamos deitados de bruços, a cabeça apoiada nas mãos, assistindo também. A certa altura, esse irmão deslizou sua mão e a colocou na minha bunda. Não afastei meus olhos da tela; não disse nada. Não sabia ao certo o que fazer, então não fiz nada e permiti que ele a deixasse lá, embora tivesse a impressão de a mão dele ter me alisado por um momento. Ele tinha 17 anos. Fiquei lisonjeada, mas também paralisada.

Colocamos a conversa em dia em um jantar anos depois, e Paul me disse que, apesar do apoio dele ao meu feminismo burguês, tinha ficado embriagada uma noite e gritara com ele quando tentara me erguer do chão, dizendo algo sobre não precisar de um homem. Não tenho certeza se essa é uma lembrança caricatural de uma pessoa sobre algo que uma feminista faria ou as ações de uma imbecil embriagada em uma recém-descoberta de suas crenças políticas, mas nenhuma dessas hipóteses me parece muito lisonjeira. Ou sou uma idiota, ou alguém que uma pessoa se lembra de ter considerado uma idiota.

Gostaria de dizer que estar com alguém que me amou e me respeitou de verdade fez aflorar o melhor em mim, mas a verdade é que tudo de bom que Paul me ofereceu eu rejeitei. Sei que o amei — ele provavelmente é o único homem além do meu marido sobre a qual julgo ser verdade isso que falei —, mas ainda assim o tratei mal. Tenho certeza de que fui uma boa namorada em vários sentidos (veja: boquete ao volante anteriormente), mas, embora estivesse atraída por alguém que me tratasse como igual, não sabia o que fazer com esse presente.

O fato de eu pensar nisso como um presente, em vez de algo natural, certamente era parte do problema.

Ser bem tratada de alguma forma parecia errado, como se estivéssemos interpretando um papel do que seria um relacionamento em vez de estar nele. Para os homens que odeiam as mulheres, admitir isso é uma prova de: *Viu só, as mulheres querem um cara que as trate como lixo.* Mas isso também não é verdade. O que está mais próximo da verdade é que, quando confrontada com o amor que você merece, é mais fácil zombar dele do que aceitá-lo. Em particular quando tudo o que você experimentou de amor e conexão é baseado em algo que se aproxima mais de controle ou desdém. Isso é parte do motivo pelo qual fiquei com meu marido. Eu o amava, sim — total e apaixonadamente. Mas também reconheci em algum momento que amá-lo era uma boa escolha. Só que demorei um tempo até chegar a esse ponto.

Antes de nos mudarmos do nosso apartamento em Albany — retornando a Nova York, para que Paul pudesse voltar a morar com seus pais e arranjar um emprego, e eu dividisse um apartamento com uma amiga e me inscrevesse em uma pós-graduação —, nossa gata, assustada com o barulho e o sumiço dos móveis, esgueirou-se para trás do fogão e entrou em um buraco na parede. Neidra embrenhou-se profundamente ali, e não conseguia mais descobrir como voltar.

Enquanto nossos amigos nos ajudavam com a mudança, ela ficou na parede — por horas, acho. Paul sentou-se junto à parede, chamando-a, estendendo a mão de vez em quando, tentando atraí-la com petiscos e, por fim, com atum.

Decidimos que eu ficaria com ela, mas uma noite, quando minha colega de quarto ficou bêbada, ela bateu a porta na cauda de Neidra — amputando a maior parte dela e esfolando o restante. Minha colega de quarto não se deu conta do que tinha feito, disse ela, mas, quando cheguei em casa, havia sangue pelo apartamento inteiro, e tive de sair correndo com a gata para que ela fizesse uma cirurgia para remover o restante da cauda. Ela ficou com Paul por um tempo depois disso.

Conversamos sobre nos casar, mas ele queria viver perto dos pais; acho que queria uma dona de casa, sem estar interessado o suficiente para perguntar em quais programas de pós-graduação eu me inscrevera. Ele queria uma vida tranquila. Nós terminamos, não muito tempo depois do sonho com as azeitonas; disse a ele que queríamos coisas diferentes.

Mais tarde, dormiríamos juntos enquanto ele saía com outras mulheres, e eu, com outros homens. Era fácil tomar uma bebida ou ir jantar e, no final, andar de mãos dadas de novo, olhando um para o outro como se ainda estivéssemos na faculdade. De certa forma, acho que eu queria que ainda estivéssemos.

Então, quando disse a ele, anos depois, que achava que deveríamos fazer outra tentativa, não me surpreendi quando ele respondeu dizendo que sua mãe nunca achou que eu seria boa com crianças. Que eu iria trabalhar demais e não estaria disposta a ser aquela mãe que fica em casa. Era como se ele estivesse esperando para me magoar já havia algum tempo, talvez de forma merecida.

Ele se casou com uma pessoa — inteligente, loura, bonita — que queria as mesmas coisas que ele. Compraram uma casa na mesma cidade onde os pais dele moravam e tiveram dois filhos. Ele parece feliz.

QUEIJO QUENTE

No dia seguinte ao que transou comigo enquanto eu estava inconsciente, Carl me comprou um queijo quente e batatas fritas. Tinha ido ao apartamento dele na noite anterior com minha irmã, porque ele estava recebendo alguns amigos e ela não tinha nada para fazer. Ela foi embora no início da noite, e eu fiquei mais bêbada que o habitual, mais rápido do que de costume. Na manhã seguinte, acordei atordoada e com dez ligações perdidas de meus pais. Estava nua.

Quando brinquei sobre o fato de ele ter me estuprado, ele revidou: *Não se preocupe, fiz sexo oral em você antes.*

Não recordo como nem onde conheci Carl, mas imagino que tenha sido em um bar, e devia ficar no centro da cidade, porque ele trabalhava com finanças e ainda não havia nenhum frequentado por esse tipo de pessoas em Williamsburg. Também não me lembro de ter gostado dele, o que não diz muito sobre meu gosto ou mentalidade à época.

Carl não era bonito nem charmoso, mas tinha um senso de humor razoável, e eu estava entediada, saindo com um monte de caras. Então, mesmo que ele tivesse cravos visíveis no ouvido e eu o achasse um pouco nojento na cama — todo suor e sardas —, continuava me encontrando com ele. Sempre que passava a noite em seu apartamento — em um prédio em Manhattan com vista para o rio —, ele me dava dinheiro para voltar para casa de táxi. Em geral, era mais do que o necessário, e nunca consegui descobrir se considerava aquilo um gesto de cavalheirismo ou algo que me fazia sentir-me uma prostituta.

Ele veio me visitar no Brooklyn uma vez, para dar uma olhada no *loft* que eu acabara de alugar com uma garota que fora minha colega de dormitório e o namorado dela. Era enorme e ilegal, como qualquer lugar decente em Williamsburg em 2002. Para nos mudarmos, tive de adiantar um mês de aluguel em dinheiro para o administrador do prédio como "garantia inicial", uma grana que nunca mais veríamos. Depois, precisei pagar uma taxa extra ao prédio para construir paredes para os quartos.

Levei Carl ao meu bar favorito no bairro, um lugar na Bedford Avenue, mas ele quis ir embora dali rápido. *É esquisito*, ele disse. Quando perguntei o que queria dizer com aquilo, Carl respondeu que se sentira como um *cracker* — um branco pobre — porque éramos os únicos brancos no bar — o que, posso afirmar, não era verdade e foi muito estranho da parte dele, de qualquer maneira. Nunca tinha ouvido ninguém usar o termo *cracker* antes de um modo que não fosse irônico.

Depois disso, paramos de nos falar. Por meses, acho. Não sei direito por quanto tempo foi. Só sei que não via Carl havia algum tempo quando ele me convidou para ir ao seu apartamento para uma festinha.

Naquela noite, na casa dele, onde os únicos outros convidados eram um pequeno grupo de amigos do sexo masculino, descobri que ele havia dito que eu era bissexual, o que não era verdade. Minha irmã, confusa, ouviu-os falar sobre isso e veio me perguntar se eu era e, por alguma razão, decidira não lhe contar. Fico imaginando se ele não fez isso apenas por achar que seria uma boa história para os amigos: executivo financeiro saindo com uma feminista de Williamsburg. "Provavelmente bissexual", ele poderia ter acrescentado para "causar".

Na maior parte das vezes, sei beber, e não me lembro de ter bebido tanto assim, mas sei que minha irmã foi embora e eu disse que ia ficar mais. Então acordei com Carl tirando minhas roupas. Por um instante, pensei que ele estivesse sendo atencioso — despia-me para que eu dormisse, porque estava muito bêbada para fazê-lo sozinha.

Não sei muito sobre o que aconteceu em seguida. Sei que me lembro de perguntar o que ele estava fazendo ao perceber Carl em cima de mim. Depois, mais nada. Não recordo se eu disse *Não faça isso*, ou se falei *Tudo bem*, ou mesmo se cheguei a dizer alguma coisa — o que parece ser a possibilidade mais provável, considerando meu estado.

O que sei ao certo é que fiquei chateada. Que, ao acordar na tarde seguinte — dormi até as duas da tarde —, falei que não se deveria fazer sexo com alguém inconsciente. Sei que ainda estava bêbada quando disse isso. Falei na brincadeira. Fiz uma piada do tipo *Hum, isso não faz desse encontro um estupro?*; usei um tom sarcástico ao dizer isso, não sei por quê. Foi quando ele sorriu e jurou que tinha feito sexo oral em mim antes.

Então disse que, já que ele fora capaz de transar comigo enquanto eu estava inconsciente, o mínimo que poderia fazer era pedir para entregarem um queijo quente e batatas fritas, a fim de que meu corpo absorvesse um pouco do álcool da noite anterior. E sei que esperei que a comida chegasse e comi antes de ir embora. E também sei que liguei para os meus pais e pedi desculpas por deixá-los preocupados. E ainda que chorei quando cheguei em casa.

Nunca considerei o episódio como estupro. Não sei bem por quê. Como escritora feminista, encorajei outras mulheres a nomear aquilo que aconteceu com elas, para que nossas histórias pudessem vir à tona de forma inescapável e irrefutável. E percebi, como percebo agora, que, por definição, penetrar alguém inconsciente — mesmo que você tenha feito sexo antes com essa pessoa — é estupro. Só que eu nunca quis chamar aquilo dessa maneira.

A verdade é que o que aconteceu, não importa como eu chame, não teve um impacto duradouro em mim, por isso sinto-me... estranha.

O incidente não me destruiu nem mudou quem sou da forma como achava que algo assim faria. Não fico pensando em Carl ou naquela noite. Não carrego cicatrizes dessa ocasião. Na escala de coisas que já me aconteceram, coisas que me machucaram e me causaram dano, essa pontuou mais baixo, por exemplo, do que descobrir que um estranho havia ejaculado na parte de trás do meu jeans no metrô. Não sei por quê.

Sei que minha vergonhosa incerteza sobre ter sido ou não violada provavelmente tem a ver com o fato de, na época, eu mal me considerar uma pessoa. Entrava e saía de relacionamentos com tanta frequência quanto entrava e saía de bares, empregos e amizades.

Lembro-me de pegar bastante o metrô ouvindo música e narrar minha vida a mim mesma, como se assistisse a um filme sobre uma garota com fones de ouvido passando pelos túneis do metrô.

Quero ser transparente a respeito disso porque meus princípios o exigem e porque sei que, se não o fizesse, estaria me abrindo a críticas de todo lado. Sei que, se alguma jovem me contasse essa mesma história, eu não hesitaria em chamar o incidente pelo nome certo. Não sei por que não me permito a mesma cortesia. Talvez esteja exausta de me sentir como árbitra da violência sexual, até mesmo quando estou envolvida nela.

Homens acusados de estupro vinham até mim nas faculdades após minhas palestras, procurando algum tipo de absolvição e também para que eu lhes dissesse que o que haviam feito não era estupro, mesmo que eu não estivesse lá e não fizesse a mínima ideia do que realmente acontecera.

Um jovem ficou me seguindo em uma recepção após uma palestra que dei em uma universidade do Meio-Oeste, insistindo em que eu lhe desse uma resposta sobre se mentir para alguém a respeito de algo importante — ele não podia dizer o quê — e ter relações sexuais com tal pessoa sob esse falso pretexto era estupro. Fazia essa pergunta no lugar de um amigo, ele explicou.

O rapaz não aceitou o meu *não tenho como responder a isso*, e, mesmo quando lhe disse que não queria mais falar com ele, continuou me seguindo pelo salão, o que me revelou muito mais sobre a possível resposta à sua pergunta do que as circunstâncias que ele descrevera.

Outro me disse que havia sido expulso da escola depois de ser considerado culpado de estupro, mas que não fizera isso. Não sei o que dizer a esses homens, esses possíveis estupradores, que querem algo de mim, porque não tenho nada a lhes dar.

    Nunca mais vi Carl. Nunca mais nos falamos depois que deixei seu apartamento, após comer meu queijo quente e batatas fritas. Ele me deu dinheiro para o táxi, no entanto. E sei que aceitei.

WILLIAMSBURG

Soube que estava tudo terminado quando, em vez de me presentear com um anel no Natal, Ron me deu o esboço de um. Ele ficara me perguntando durante toda a semana sobre a medida do meu dedo, o que achei estranho, porque a ideia de aquele homem me pedir em casamento — meu namorado havia quase dois anos e que, segundo minhas desconfianças, estava me traindo e tinha um sério problema com drogas — parecia impossível. A última coisa que esperava nesse cenário era um anel de noivado.

Conheci Ron em 2004, em um bar ao ar livre chamado Yabby, que ficava na Bedford Avenue, no Brooklyn, lugar onde há agora, acho, uma mercearia mixuruca. Estava bêbada quando cheguei lá, por isso não me lembro de como começamos a conversar; talvez eu tenha pedido um cigarro a ele. Tenho quase certeza de que foi isso.

Minha amiga Lori e eu estávamos lá para comemorar o sucesso de um *site* que havíamos começado juntas, e falamos a Ron e seus amigos sobre a festa que daríamos em comemoração na noite seguinte. Não conversamos por muito tempo, por isso fiquei surpresa quando ele apareceu na noite seguinte com os amigos.

Rony tinha um metro e noventa, ombros largos e olhos azuis. Na época, eu o achava atraente, mas seu cabelo comprido um tanto oleoso e puxado para trás em um rabo de cavalo me faz reconsiderar essa impressão agora. Ele conversou comigo sobre feminismo e seu trabalho como *designer*, flertando sem nenhum constrangimento enquanto bebíamos cada vez mais. Eu usava uma calcinha com tema "político" naquela noite, que dizia "GIVE BUSH THE FINGER",* e discretamente levantei minha saia, deixando-o tirar algumas fotos dela quando o nível de embriaguez aumentou. Ao chegarmos ao meu apartamento, eram quatro da manhã e eu mal conseguia andar. Então, quando ele tirou do bolso uma trouxinha de cocaína, pareceu-me uma ideia razoável, apesar de já fazer anos que eu não usava.

Quando já estávamos doidões, conversamos sobre sua horrível infância no Sul e como, quando era pequeno, ele presenciou um homem colocar uma faca no pescoço da mãe; sobre seu problema com drogas e o fato de ter meios-irmãos e um pai com quem não falava. Não fizemos sexo até acordarmos na manhã seguinte. Quando afinal consumamos o ato, ele nem se incomodou em tirar minha calcinha, apenas afastando-a para o lado enquanto estava deitado atrás de mim; e, quando ficou por cima, disse a ele que não poderia levá-lo a sério com todo aquele cabelo caindo na minha cara.

Ele ligou para me convidar para jantar um dia depois, e repeti a piada — *Não sei... Eu não curto mesmo cabelo comprido*. Ainda assim, concordei em encontrá-lo em um bar especializado em vinhos na esquina da N. 7th com a Wythe Avenue. Quando ele apareceu, sua cabeleira havia sumido. Ele a cortara naquela tarde, e agora seu cabe-

---

* Trocadilho que tanto pode significar "Mostre o dedo médio para o presidente Bush" ou "Foda minha vagina". (N.T.)

lo castanho-avermelhado estava rente à cabeça, formando pequenas ondulações. O gesto me comoveu de tal forma, que nem me importei muito quando ele desapareceu por mais de meia hora durante o jantar, *para comprar cigarros*, conforme explicou.

Ficamos juntos e, em questão de semanas, estávamos apaixonados, o sexo sendo melhor do que qualquer um que já tinha tido antes. Para amigos, eu o comparava a um Ed Burns *sexy* com uma motocicleta. Como poderia não ter ficado caidinha por ele?

Seu grupo de amigos no bairro era constituído na maioria por jovens que ele conhecia da Faculdade de *Design*. Trabalhavam em empresas de desenho industrial ou firmas de calçados; alguns também eram artistas, e vendiam seus quadros na Bedford Avenue nos fins de semana. Todos eram mais jovens do que Ron e o adoravam. Era óbvio que ele era o mais inteligente, talentoso e carismático do grupo para as pessoas com quem conversávamos — com frequência, depois de cheirarmos umas carreirinhas. Nós dois compartilhávamos a sensação de nunca sermos a pessoa mais atraente da sala, mas sim a mais envolvente, a mais capaz de se conectar com alguém, se assim desejássemos, ou de convencer alguém sobre uma questão discutida em meio a cervejas.

A cocaína não é uma droga modesta.

Logo, todas as noites em que saíamos — duas ou três por semana, pelo menos — envolviam cocaína. Era parte da minha rotina noturna, assim como tomar banho, colocar maquiagem ou pegar um táxi. Quando eu me aprontava para sair, um serviço de entrega levava uma ou duas trouxinhas até meu apartamento. Eu cheirava umas carreiras antes de me encontrar com Ron em um bar, ou, se saíssemos para jantar, esperava até acabar de comer para cheirar um pouco no banheiro, para afastar a sensação de embriaguez causada pela refeição regada a vinho. A verdade é que eu amava usar cocaína não tanto pela droga em si, mas porque ela me permitia beber quanto eu quisesse sem perder os sentidos nem me fazer passar vergonha.

Não foi uma boa época, mas era a primeira vez em muito tempo que eu sentia algo.

Quando estava chapada, não me sentia por baixo; sentia-me presente. Podia conversar com as pessoas por horas a fio sem me distrair e sentia como se as coisas que eu tentava transmitir fizessem sentido de fato; eu parecia inteligente. Enfim, conseguia falar sobre mim com gentileza e me orgulhar do trabalho que realizava — não só achando que era importante, mas afirmando isso. E não aceitava desaforo de ninguém. Estava focada no momento, em vez de me observar de longe, como uma espectadora. Tudo parecia meio tempestuoso, mas verdadeiro.

Em todo lugar a que íamos, Ron tinha amigos. Ele conhecia todos os *barmen*, todos os traficantes, todos os gerentes de restaurantes. Nunca saíamos de Williamsburg, porque éramos clientes assíduos em todos os lugares. Cheirávamos carreiras com os proprietários de bares — que me amavam por apresentá-los às minhas belas amigas —, em cômodos dos fundos e no andar superior de apartamentos. Os proprietários e chefes de cozinha de nossos restaurantes favoritos iam às festas de Halloween que eu dava no meu *loft*, na N. 3rd Street — o apartamento ilegal que agora eu compartilhava com duas garotas que havia conhecido no Craigslist. Às vezes, antes do nascer do sol, subíamos para meu telhado — de onde tínhamos uma visão panorâmica de Manhattan — e esperávamos o amanhecer, olhando as luzes da cidade se apagarem pouco a pouco.

O trabalho era como um pano de fundo. Quando se usa drogas, a verdade é que, se você tiver privilégios suficientes, ninguém parece se importar de verdade, desde que faça seu trabalho numa boa. Desde que eu chegasse ao serviço na hora, era considerada uma daquelas pessoas que trabalham certinho todos os dias e aguardam os fins de semana para meter o pé na jaca, mesmo que fosse sete da manhã de quarta-feira e eu não tivesse dormido ainda, considerando comprar mais uma trouxinha.

Uma noite, alguns meses depois, Ron me pediu em casamento enquanto fazíamos sexo. Estávamos chapados, e eram quatro ou cinco da manhã, mas não pareceu uma coisa tão doida quanto deveria. Disse a ele: *Não diga isso*. Quis dizer para ele não brincar com algo assim, mas Ron falou, com lágrimas nos olhos, que não estava brincando, que ele queria ser meu marido. Nunca mais conversamos sobre esse momento.

Continuamos assim por mais de um ano: fazendo boas refeições, bebendo até as quatro da manhã sem ficar bêbados e conversando até as seis e meia, cheirando uma carreira atrás da outra no porão onde morava seu amigo Ned, porque ali era tão escuro que continuava sombrio mesmo quando o sol nascia. Fizemos *ménage à trois* com a namorada do amigo dele, uma amiga da vizinhança e uma dinamarquesa que estava de visita a um dos colegas de trabalho de Ron. Seus amigos estavam impressionados. Nós nos aplaudíamos por nossa falta de ciúme tradicional, repreendendo os outros sobre como devia ser o amor verdadeiro. Nada possessivo; não sem alegria.

Ron tinha muito orgulho por eu ser feminista e inteligente. Gostava de me ver debater com seus amigos, que insistiam, com o nariz úmido e respingante de tanto cheirar cocaína, que o estupro não era algo tão comum ou que a vida começava na concepção. Mas, quando convinha a ele, meu feminismo tornou-se uma desculpa para que deixasse de fazer o que não estava a fim — se eu pedisse a Ron que me levasse em casa às três da manhã, ele dizia: *Mas pensei que você fosse uma feminista convicta*, um refrão comum quando eu precisava de ajuda para trocar um pneu ou, certa vez, quando lhe pedi que me acompanhasse a um ultrassom de um nódulo no seio.

Comecei a me preocupar com que meu nariz se deteriorasse, que eu ficasse desfigurada e que todos saberiam o que andava fazendo à noite. Usava tanto a minha narina direita, que ela, inchada, fechava-se a certa altura da noite e ficava assim por dias.

Dormir tornou-se impossível. Cobrimos as janelas do meu quarto — grandes janelas de fábrica que iam quase até o teto — com cobertores e lençóis escuros, tomando Vicodin e bebendo cerveja para que pudéssemos enfim apagar. Eu deixava a pílula dissolver na minha língua pelo máximo de tempo que pudesse aguentar o sabor amargo, esperando que, de alguma forma, isso acelerasse o efeito do remédio. Nunca funcionou. Quando acordávamos, às vezes não até as quatro ou cinco da tarde do dia seguinte, pedíamos pizza e assistíamos a filmes enquanto a ressaca ia diminuindo.

Sabia que essa era uma má ideia, terrível mesmo, no longo prazo. Mas, no curto prazo, tudo parecia funcionar bem. Ligava para o trabalho alegando estar doente mais vezes do que seria comum, é verdade, mas eu tinha amigos, me divertia, estava apaixonada e meu *website* começara a deslanchar.

Ron convenceu-me de que eu deveria largar meu emprego no departamento de comunicação de uma ONG internacional voltada para as mulheres a fim de trabalhar no meu *blog* em tempo integral.

Adorava meu emprego, mas tinha funções muito elementares lá e, em todo caso, passava meus dias no trabalho moderando comentários. Então, aceitei um emprego de consultoria em uma organização pró-escolha sediada em Washington, DC, que me permitiria trabalhar em casa, em regime esporádico, por dois mil dólares por mês, e passava o restante do tempo trabalhando no *blog* e ao lado de Ron.

Desculpar as faltas dele tornou-se uma arte. Quando Ron estava atrasado — ele sempre estava pelo menos meia hora atrasado para tudo, incluindo um jantar de aniversário que organizou para mim —, era só porque precisava sentir que controlava algo em sua vida, depois de ter tido uma infância tão desgovernada. As mentiras que ele contava sobre tudo, desde ter tomado um táxi ou um trem, até me deixar plantada em algum lugar e me dar o cano mais uma vez, eram resultado de seus problemas de confiança.

Acordei certa noite com uma terrível dor no abdômen, que não desaparecia. Pedi a Ron que me levasse ao pronto-socorro, mas ele disse que estava muito doidão para isso, então liguei para minha mãe e pedi que me levasse até lá. Ron falou que iria logo depois, assim que conseguisse tomar um banho e pegar um táxi. Ele não respondeu às minhas ligações nem mensagens de texto pelo resto da noite e, quando cheguei em casa na manhã seguinte, com um diagnóstico de cisto de ovário rompido, ele estava dormindo. A razão pela qual não dera as caras, ele falou para minha mãe mais tarde, era porque os hospitais o aterrorizavam — ele vira a própria mãe ser levada para lá muitas vezes quando era pequeno e não suportava nem passar pela porta de um.

Mas lembrei-me de como, em outra noite, enquanto eu dormia no seu ombro em um táxi, ele tomara meu rosto entre as mãos e começara a beijar todo o meu rosto, bochechas e testa com suavidade. *Amo você*, ele dissera. E, quando sofri um acidente com minha *scooter* — um tipo de Vespa que Ron me convencera de que eu poderia aprender a pilotar com facilidade — e caí na rua, ralando braços e pernas e fraturando o quadril, ele chegou na minha casa em menos de cinco minutos, repetindo sem parar: *Minha querida, minha pobre querida*. Ele podia consertar qualquer coisa, de um carro a um par de óculos, era encantador com todos e, quando eu montava na garupa da sua moto no meio da noite, olhando para cima, pensava: É assim que a vida deve ser. É assim que as pessoas se sentem.

Mas, na manhã de Natal, quando abri uma caixa de anel na frente de meus pais, que continha uma *aliança de prata lisa* com uma silhueta em 2-D de um diamante no topo — como se alguém tivesse feito um anel com o espectro de um anel de brilhante verdadeiro —, soube que tinha acabado. O simbolismo era muito embaraçoso. Era um anel de fantasia, uma piada.

Além disso, tornava-se cada vez mais claro que nossa diversão desenfreada havia se transformado em outra coisa, algo de que me afastava ou com que permaneceria sem uma data final à vista.

Na véspera de Ano-Novo, Ron havia convidado nosso fornecedor de drogas para comemorar conosco a virada de ano em meu apartamento, junto com um pequeno grupo de amigos. Perto do nascer do sol, estávamos no meu quarto cheirando carreiras de cocaína na capa dura de um livro equilibrado na cama, trouxinhas espalhadas sobre o edredom. Continuei passando mais e mais *blush*, até minhas bochechas ficarem vermelhas como as de um palhaço — fato do qual não me toquei até ver depois as fotos daquela noite/manhã. Eram quase seis da manhã quando, a poucos metros de Ron, o traficante me disse que me daria cocaína de graça sempre que eu quisesse, se apenas o deixasse fazer sexo oral em mim uma vez. Talvez duas vezes.

Contei a Ron mais tarde, horrorizada, mas ele deu de ombros como se fosse a coisa mais natural do mundo. Ele achou hilariante.

Então, paramos de nos ver, mas continuamos dormindo juntos, entrando e saindo da vida um do outro sem nenhum tipo de separação oficial. Parei de usar drogas e pedi que ele parasse também; ele concordou. Poucas semanas depois, quando o confrontei com trouxinhas vazias que encontrei no bolso do seu jeans, ele disse que não havia necessidade de parar *mesmo* de usar cocaína, pois eu só precisava *acreditar* que ele havia parado, e isso já me faria feliz. Pouco depois disso, meu pai me puxou de lado e falou: *As coisas que você faz aos 20 anos são apenas coisas que você faz. Mas, quando se aproxima dos 30, o que você faz começa a se tornar quem você é. E há algumas coisas que você não quer ser para sempre.*

Eu tinha assinado um contrato para o meu primeiro livro e garantido um modesto adiantamento, que não dava para mais do que apenas alguns meses de aluguel, por isso deixei o Brooklyn. Os novos proprietários do nosso prédio estavam tentando desesperadamente fazer os inquilinos deixarem os apartamentos, para que pudessem transformar o prédio em um condomínio de luxo, então caí fora; mudei-me para a casa dos meus pais em Woodstock, Nova York, e vivi lá por nove meses enquanto terminava meu livro e aguardava seu lançamento.

Desde então, as pessoas costumam me perguntar como segurei a onda de me afastar dos vícios da noite para o dia — das drogas, em especial. A verdade é que não sei. Mas tenho certeza de que é muito mais fácil quando você tem um bom teto sobre sua cabeça e um trabalho que você ama. Como meu pai diria, não é tão difícil quanto cortar cana. Parece estranho para mim que tenha sido tão fácil. Às vezes me pergunto se virei esta página da vida por completo, ou se o vício ainda está lá, só esperando.

Porque a verdade é que, até alguns anos atrás, eu não conseguia sequer dirigir por Williamsburg sem que minhas mãos ficassem suadas, pensando em quanto desejava ligar para meu antigo fornecedor de drogas, ainda listado no meu telefone sob o nome de contato "Coca-Cola". Não sei por que nunca o apaguei — faz quase uma década e não consigo imaginar que ele ainda tenha o mesmo número. Mas, quando vejo o nome e o número junto ao restante dos meus contatos que começam com a letra "C", não o deleto; ter uma vida — ou o oposto de uma — na ponta dos meus dedos é reconfortante, de certa forma.

Da última vez que vi Ron, tinha voltado a me encontrar com outros caras. Estava saindo com rapazes diferentes — rapazes que acordavam às oito da manhã, iam trabalhar, bebiam algumas cervejas à noite e davam o dia por encerrado. Caras normais. Caras estáveis. Pessoas que atendiam o telefone quando eu ligava e chegavam aos encontros no horário. Um era tão normal que me lembro de dizer para uma amiga, preocupada: *Ele quer conversar para esclarecer as coisas o tempo todo.*

Depois de termos feito sexo ao lado de uma pilha de roupas sujas sobre a cama que havia estado lá desde a nossa primeira vez, a percepção de meu distanciamento deve ter sido quase palpável. Ele ainda estava nu quando me encaminhei para a porta, para ir pra casa. *Acho que estou pronto para morarmos juntos*, disse ele. Seis meses antes, isso teria sido tudo o que eu desejava — uma espécie de reconhecimento de que o que tínhamos juntos era real e não apenas uma névoa induzida por drogas. Mas isso me pareceu tão cruel naquele momento — uma maneira de me manter na espera só por mais alguns meses. Não me lembro do que respondi, só de tê-lo feito do corredor.

D

Fazer a coisa certa nunca foi fácil para mim. Traí quase todos os meus namorados com regularidade e sem remorso. Menti para os meus pais sobre ter levado bomba no meu primeiro ano na Universidade de Tulane, escolhendo dizer-lhes que queria me transferir, em vez de desapontá-los com a verdade. Não acredito que certo e errado sejam preto e branco.

Por isso, quando um amigo chegado, um amigo casado, sugere que quer transar comigo, descubro surpresa que não me sinto lisonjeada. Ainda assim, digo-lhe que estou. Apesar da minha fúria feminista, sou o tipo de pessoa que odeia dizer não ou desapontar alguém. Prefiro de verdade que as pessoas gostem de mim.

Quando um estranho na rua diz algo sexualmente chocante, você pode xingá-lo ou continuar andando. Há menos opções quando é alguém que você recebe para um *brunch*. Alguém de cuja esposa você gosta e cujos filhos brincam com sua filha. Alguém que qualifica a si próprio como amigo do seu marido.

Então, quando D me manda uma mensagem dizendo que houve um momento, há quase um ano, em uma festa de lançamento de livro em que ele sentiu um desejo avassalador de estar comigo — e que esse sentimento permaneceu com ele desde então —, não sei o que responder. Para piorar as coisas, ele me conta isso meia hora depois de eu ter tomado um Ambien, quando a tela já está um pouco borrada, e me pergunto se de fato estou lendo o que estou lendo. Mas me lembro do momento que ele menciona. Eu usava um *top* curtinho e uma saia de cintura alta, de modo que uma pequena porção de minha cintura estava à mostra. Sentia-me feliz por estar longe de casa e também por Layla estar passando a noite com uma babá, para que Andrew e eu pudéssemos ter uma noite divertida em uma cidade que não conhecíamos tão bem.

Depois de alguns drinques na festa, me afastei com D para fumar — meio cigarro, na verdade, o último e enfadonho vício de pessoas casadas e comportadas. Enquanto conversávamos, ele colocou brevemente a mão na parte exposta de minha cintura. Aproximou-se mais do que seria adequado e disse que deveríamos nos encontrar para fumar com mais frequência. Ele sempre foi dado a flertes. Meses antes disso, quando disse a Andrew que D continuava olhando meus seios quando ficava bêbado, ele achou que eu estava imaginando coisas.

Você acha que todo mundo fica olhando para os seus seios!, ele brincou. Isso é verdade.

D é bem conhecido em sua área de atuação e tem boa aparência. Mas não é alguém que transpire sensualidade. Eu não estava nem de longe interessada nele. No entanto, quando D passou a me enviar mensagens *on-line*, não muito tempo depois daquela festa — começou com uma observação sobre um vestido que usei em um evento: *vestida para matar*, conforme suas palavras —, não lhe pedi que parasse. De alguma forma, por um milagre, minha propensão para a autodestruição não triunfou, e contei a Andrew sobre as mensagens.

Ele não ficou satisfeito, claro, mas as cantadas eram inocentes o suficiente para que pudéssemos encará-las como uma idiossincrasia — ele era metido a conquistador. Grande coisa. Tornou-se uma piada entre mim e Andrew — D era como aquele tio ou amigo inconveniente que lá vem com mão-boba quando está bêbado.

A verdade é que gostávamos dele.

Gostávamos de ter amigos com filhos. Gostávamos de ter amigos em Boston. Era mais fácil assim. Quando D me enviava mensagens sobre uma foto minha de que havia gostado ou algum outro elogio aleatório, eu tentava mudar de assunto. Perguntava como estava a esposa dele. Ainda viriam almoçar conosco na próxima semana? Fingia me divertir. Dizia *obrigada*.

Mas, quando D me fala sobre aquele momento em que percebeu que me desejava, que desejar algo dessa maneira era como uma coceira que ele precisava eliminar, fico aterrorizada. Apago suas mensagens momentos depois de lê-las — como se deletá-las pudesse torná-las inexistentes. Não respondo a ele de forma grosseira que dê o fora ou pare com isso, no entanto. Escrevo que estou lisonjeada, mas o que ele diz é perigoso. Que nossas famílias são amigas. No começo daquela mesma noite, ele enviara um e-mail para mim e Andrew sobre levarmos um *cheesecake* para o jantar em sua casa no fim de semana seguinte.

Não conto a Andrew naquela noite, mas não consigo dormir. Então, de manhã — para remediar qualquer indiferença induzida por pílulas para dormir que eu possa ter transmitido —, escrevo a D uma mensagem mais clara: não quero esconder coisas do meu marido. Preciso estar perto de sua esposa e não me sentir mal. Ele se desculpa profusamente, diz que estava bêbado e que está mortificado.

Acredito nele, mas me pergunto se, caso eu houvesse respondido de modo diferente, ele estaria dizendo as mesmas coisas.

Ainda assim, para meu grande embaraço, quero fazê-lo se sentir mais confortável. Digo-lhe que está tudo bem. Que pensarei nisso como um elogio induzido pela embriaguez, e que deixaremos o dito pelo não dito. Não me sinto de maneira alguma elogiada. Preferiria que ele gostasse de mim de outro modo.

Luto dias seguidos sobre se devo ou não contar a Andrew: sei que é a coisa certa a fazer, mas também sei que isso vai significar a perda de nossos amigos, e não quero causar problemas. Tenho medo do que ele possa pensar. Ainda assim, não consigo dormir.

Não consigo descobrir por que estou tão angustiada. Ele pediu desculpas, eu não tinha interesse — poderia deixar tudo por isso mesmo. Mas me ocorre que D disse aquilo não porque estava bêbado ou para fazer um desabafo, mas sim porque devia ter pensado que eu seria receptiva a ouvi-lo. Que talvez eu respondesse da mesma forma. Ele acredita que sou o tipo de pessoa que vai falar sacanagens *on-line* e depois aparecerá na casa dele dias mais tarde para dar à sua esposa uma porra de um *cheesecake*.

Quando enfim conto a Andrew, não consigo parar de chorar. Não porque esteja chateada por ter esperado dias para falar; não porque, contando-lhe, sei que vamos perder nossos amigos. Choro porque tenho 33 anos e não consigo escapar da sensação de que os homens veem que sou o tipo de pessoa para quem fazer o que é certo não é fácil.

É por isso que eles me abordam na rua ou em bares, ou por meio de mensagens no Twitter. Eles me veem como a pior versão de mim mesma, a versão que trabalhei arduamente para não deixar transparecer — ou pelo menos não exibir com muita frequência. Percebi que não estava alarmada com as primeiras mensagens de D para mim — as aparentemente inocentes, sobre um vestido ou uma foto —, porque a principal maneira com que eu costumava me comunicar com os homens era através de alguma forma de flerte. Não me pareceu de imediato algo errado ou anormal ele dizer tais coisas para mim, porque essas são coisas que os homens dizem. E não posso acreditar que, tanto tempo depois de ter deparado pela primeira vez com um homem deixando claro que seus desejos superam meu conforto, eu ainda aceite isso. A única coisa que me dá certa esperança é que estou falando com meu marido a respeito, compartilhando como isso faz com que me sinta repugnante e vulgar — mesmo que não tenha sido eu a dizer nenhuma vulgaridade.

Convido D para tomar uma bebida comigo e digo-lhe que, na minha opinião, ele está arruinando sua vida — que não se diz algo assim a alguém tão próximo, a menos que você queira ser pego no flagra; a menos que queira que algo dê errado. Ele fala sobre o estresse do trabalho e da vida, e acabo vendo que aquilo tudo nunca teve nada a ver comigo — não de verdade. O fato de suas mensagens não terem nada a ver com ter farejado minha ambiguidade moral a uma milha de distância me traz um pouco de conforto.

Ainda assim, sinto como se tivesse feito algo terrível. Como se tivesse traído D, em vez da verdade mais sólida de que fiz o que era certo. Para todos.

Depois de décadas de vida e feminismo, de certa maneira ainda acredito que meu trabalho é proteger os homens a todo custo — e que não fazê-lo é um crime ainda maior do que esconder coisas da minha família. Fazer a coisa certa nunca foi fácil para mim.

ANÔNIMOS

Não me lembro da primeira vez em que um homem anônimo me mandou me foder ou me chamou de vadia. Sei que provavelmente foi por e-mail, uma vez que as mídias sociais não estavam em pleno vapor em 2004, quando comecei um *blog*. Lembro-me da primeira vez que liguei para o FBI, quando um homem nos escreveu alguns anos depois de iniciarmos o *blog* para dizer que queria nos estuprar e amputar nossos peitos.

Lembro-me de ter pensado sobre qual seria seu verdadeiro nome. Suponho que homens desse tipo sempre tenham sido sujeitos anônimos, mesmo antes da internet. Os homens no metrô, os homens que me chamavam de seus carros ou nas ruas — o homem que minha amiga Christine pegou tirando fotos de suas costas nuas em um dia quente, quando decidiu usar um vestido leve de verão. A polícia disse a ela que não havia nada que pudessem fazer — tirar fotos do corpo das pessoas em público não era ilegal. Mesmo que planejassem usá-las para se masturbar depois.

Não sabemos quem eles são, quanto são perigosos ou o que realmente querem. Não temos certeza, mas presumimos que eles voltem para casa e suas famílias à noite. Famílias com filhos, esposas, mães. Famílias com pessoas.

Na rua, quando adolescente, aprendi depressa como agir. Como reagir. Não acredito que isso seja algo que apenas as meninas da cidade de Nova York aprendam, mas imagino que sejamos estudantes avançadas nessa matéria. Eu sabia, com base no horário, em que rua eu estaria e quantas pessoas estariam por perto, e o que diria quando um homem inevitavelmente me dissesse no caminho para a escola que queria transar comigo. As mulheres sabem que esse sentimento nem sempre é expresso de forma audível; os homens podem dizer isso sem palavras, apenas com sons, gestos de mão e expressões faciais que ficam com você o dia inteiro depois de vê-los.

Responder em tom rude torna-se um jogo de estratégia. Descobrir se essa é uma iniciativa segura, ou se há pessoas suficientes por perto, e se elas se importariam o bastante para intervir se o homem para quem você quer dar uma resposta atravessada resolver segui-la ou ficar violento.

Comecei de um jeito tímido, nervoso e inseguro. Balançava a cabeça, franzia a testa, atravessava para o outro lado da rua ou evitava seu olhar. Apressava meus passos.

Se me seguissem, eu entrava em uma loja ou subia os degraus de entrada de um edifício como se estivesse a caminho de casa e houvesse alguém esperando por mim do outro lado da porta. Quanto mais acontecia, entretanto, mais irritada eu ficava.

Tentava envergonhá-los: perguntava se diriam esse tipo de coisa à mãe ou à irmã deles. Às vezes funcionava, mas deixei de fazer isso quando um dia, depois de perguntar a um homem que falara algo sobre lamber meu ânus se ele tinha uma filha, ele respondeu: *Sim, e também vou comer ela se eu quiser.*

Foi quando comecei a mostrar o dedo do meio. Nem olhava para cima, não atrasava o passo, apenas levantava o dedo do meio, mostrando-o enquanto caminhava. Ninguém tentou me agredir fisicamente, o que foi sorte. Sempre leio sobre mulheres que são mortas pelas coisas que responderam aos homens na rua. Mulheres que se recusaram a dar o número de telefone ou disseram não a propostas. Um homem no Queens cortou a garganta de uma mulher de 26 anos que não estava interessada nele. Uma mulher em Detroit, mãe de três filhos, foi baleada e morta depois de ter se recusado a dar a um estranho suas informações pessoais para contato. Esses dois atos de violência aconteceram em um curto intervalo de tempo.

Eu rejeitei homens e estou bem, embora às vezes me pergunte quanto isso tem a ver com uma dose absurda de privilégio e sorte. Uma vez, em Nova Orleans — como uma caloura de 17 anos —, no Halloween, fantasiei-me de "enfermeira *sexy*" e um rapaz ficou me seguindo e depois começou a berrar coisas da rua lá embaixo para a sacada onde eu estava, chamando-me de vadia. Revidei dizendo que ele provavelmente tinha um pau pequeno. A multidão em torno dele riu.

Seu rosto ficou vermelho-escuro, e ele falou: *Estou subindo aí pra te pegar*, e eu gozei ainda mais da cara dele. *Vá em frente*, respondi. *Se depender do peso do seu pau, não vai ter dificuldade nenhuma para escalar.* Às vezes me pergunto o que teria acontecido se eu tivesse ficado cara a cara com ele depois disso.

Penso no jovem que matou pessoas em Santa Barbara porque considerava inadmissível ainda ser virgem e mulheres bonitas não quererem nada com ele. Antes de sair para o ataque a tiros, ele postou vídeos no YouTube sobre "matar todas as vagabundas loiras mimadas e esnobes" que visse pela frente.

Ainda assim, de algum modo inexplicável, *misandria* é a palavra que circula a torto e a direito por aí, como se isso sim é que fosse o prejudicial. Enquanto isso, não temos um termo específico para designar homens que matam mulheres. Será que o termo é apenas *homens*?

Usamos *misógino*; escrevi que "misoginia mata", mas essa palavra não funciona — soa muito acadêmica, sem ser crua ou terrível o bastante para passar a ideia real do que significa. Além disso, há muitos misóginos que não matam — mais do que eu gostaria de pensar.

Às vezes, chamamos esses homens de agressores domésticos quando a vítima é alguém que conhecem, mas, quando matam estranhas, chamamos tais homens de loucos. Lobos solitários. Desequilibrados. Mas a questão é: O que há de louco em matar uma mulher em uma cultura que diz que a vida delas não vale nada?

As mulheres criam filhos, catam meias espalhadas e cuidam para que vocês se sintam homens de verdade, apoiando-os quando precisam, além de manterem um visual *sexy* (mas sem se esforçarem muito, pois isso seria patético). Somos independentes e duronas enquanto usamos a porra de um batom e saltos para não ofender a delicada sensibilidade estética de vocês, mas até mesmo a *palavra* "feminista" os irrita. Como nos atrevemos?

Ainda assim, não existe um termo para designar os homens que matam mulheres que tiveram a audácia de não fazer o que deveriam ter feito: trepar com vocês, aceitá-los, desejá-los, deixar que nos machuquem, sermos submissas aos seus desejos. Vocês têm direito sobre nós, mas sequer estamos autorizadas a chamá-los do que são.

Quando palavrões e ameaças chegam à sua caixa de correio ou interferem no seu cronograma, avaliar o perigo é diferente. Você não sabe se a pessoa por trás daquele *vadia* ou *você precisa é de rola* é um adolescente que está só se mostrando — embora adolescentes também sejam capazes de machucar as mulheres —; se é alguém que você conhece; ou alguém que vai aparecer no seu trabalho para dar uma verificada com mais detalhes. Certa vez, alguém deixou um comentário me chamando de vaca sob a foto de uma refeição que fiz para minha filha, e, quando fui ver o homem que havia dito aquilo, a foto do perfil mostrava o rosto gordinho e imberbe de um menino de no máximo 13 anos.

Estou tão cansada desses homens na internet que não tenho mais forças para interagir com bem-intencionados em busca de informação na vida real. Faço palestras para alunos, falo para eles sobre meu trabalho. Invariavelmente, ao fim da palestra, a primeira pergunta é sempre feita por um homem. A primeira pergunta é sempre alguma versão de *E quanto a mim*? Ignorar os homens — seja no campo romântico ou retórico — é uma violência existencial para eles.

Quando minha filha tinha 1 ano de idade, alguns homens decidiram fazer um *podcast* sobre mim, "revelando" quem sou. As ameaças de morte começaram a chegar e então saímos de nossa casa por um tempo e ficamos com amigos em Manhattan, que por acaso tinham um quarto extra. Sabia o nome daqueles homens, os que incitavam as ameaças — aqueles que fizeram vídeos em grupo cantando juntos sobre não quererem que eu chupasse o pau deles, como se essa fosse a coisa mais ofensiva do mundo para mim. Mas sua falta de anonimato não me ajudou — poderia denunciá-los às autoridades, e foi o que fiz. Mas alguns homens, homens que realmente têm nomes, são cuidadosos. Eles não afirmam com todas as letras *Você deveria matá--la*; eles dizem: *Não estou dizendo que alguém deveria atirar nela, mas...*

É fácil fingir que isso é engraçado. Que não me atinge. Em especial *on-line*, onde os machistas com frequência escrevem errado e parecem ridículos e tolos. Então, respondo àquele *tweet* desagradável me chamando de vadia ou de puta com um GIF de Jennifer Lawrence dando um sarcástico joinha. Zombo de seus erros ortográficos; curto com a cara deles. Porque é o que as pessoas querem ver: que você pode tirar de letra esse ódio.

Da mesma forma que eu, quando adolescente, sabia do que os homens gostavam e me tornei especialista em fingir o que quer que fosse que quisessem ver, agora faço o mesmo para todo mundo. Você exibe sua força, seu senso de humor, sua personalidade de modo que seja palatável, fácil de ser consumida em pequenos e doces bocados. A internet é boa para isso.

PARTE III

"É a mesma mulher, eu sei, pois ela está sempre rastejando, e a maioria das mulheres não rasteja à luz do dia."

— **Charlotte Perkins Gilman,** *The Yellow Wallpaper*

FINGIMENTOS

Na época em que fui flagrada escrevendo bilhetes supostamente assinados pela minha mãe, para dar aos professores depois de matar aulas, já tinha aprimorado bastante a caligrafia dos meus pais. Mas a de minha mãe — a mais ilegível das duas — era mais fácil. Pratiquei o nome deles e certas frases — *Por favor, desculpe Jessica, ela se sentiu mal ontem* — em várias páginas finais de cadernos de espiral. Minha mãe, sempre bisbilhotando por provas de que eu fazia sexo, encontrou um dos cadernos e me confrontou.

Já era ruim o bastante ter escrito bilhetes usando o nome dos meus pais, mas minha mãe também encontrou folhas de caderno em que eu praticava a assinatura dos pais do meu namorado. Por isso, não apenas fui proibida de sair de casa por um mês, como também fui obrigada a telefonar para os pais de Jay e pedir desculpas. Não me lembro do que falei para eles, só que fiquei mortificada, embora tenha continuado a escrever bilhetes mesmo assim, para nos livrar de algumas aulas, até Jay se formar, ao final do meu segundo ano do ensino médio.

Minha assinatura hoje se parece muito com a da minha mãe naquela época: grande, cheia de arabescos e ilegível. Então, quando me encontro sentada em uma mesa depois de ter dado palestra em uma faculdade, assinando meu nome repetidamente nos livros que escrevi, não posso deixar de me sentir um pouco envergonhada pela bagunça que deixei na página.

Antes de subir em um palco para participar de uma mesa-redonda ou dar uma palestra — uma parte afortunada e estranha do meu trabalho —, digo a mim mesma duas palavras: *devagar* e *sorria*.

Escrevo as mesmas palavras nas margens de minhas anotações, de modo que, enquanto falo, não me esqueça de desacelerar minha cadência natural de nova-iorquina com ascendência ítalo-americana, tampouco de sorrir para me acalmar. Além disso, o sorriso proporciona o benefício de me fazer parecer engraçada (!) e confiável (!), em vez de agressiva, pois, para uma feminista, a raiva é proibida. Isso dá à oposição demasiada munição, mesmo que você tenha todo o direito de estar com raiva e mesmo que tal estereótipo já esteja há muito ultrapassado.

Por isso, sorrio e falo lentamente (para os meus padrões), começando a fazer algo que muitas pessoas gostariam de fazer: dizer o que penso e ter gente me escutando. Para mim é fácil dizer que dar uma palestra para jovens e tê-los pedindo meu autógrafo nos livros ou que tire uma foto com eles me torna menos arrogante. Tem a vantagem de ser verdade. Mas não é só isso: é também algo maravilhoso e lisonjeiro.

Porém, o que você não deveria realmente dizer, porque parece desculpa esfarrapada ou ingratidão, é o que não sai de sua cabeça depois: o fato de ser conhecida por estranhos é desconfortável. E que não gosto disso.

Ou que posso acabar gostando demais dessa coisa toda. Ou que a fila de pessoas que esperam para conversar com você possa parecer corriqueira e entediante, algo que não se deveria jamais pensar de pessoas que compartilham a história delas com você. Mas, quando você faz algo com bastante frequência, torna-se "automático". Você autografa livros, posa para fotos e responde às mesmas perguntas, em diferentes faculdades, mas em auditórios parecidos.

Quando as garotas me dizem que um livro que escrevi fez delas feministas, e elas querem me abraçar, eu permito esse gesto, mas também me odeio um pouco, porque o sentimento que me vem na maior parte das vezes é que, se elas de fato me conhecessem, nunca diriam aquilo. Porém, respondo *Obrigada, obrigada, ouvir isso significa muito para mim, obrigada*. Começa a não ser nada de extraordinário para você, o que é terrível, porque, quando alguém a chama de vadia, ainda incomoda. É só o restante que parece ser fortuito ou pura sorte.

Não deveria falar isso. Sobre as coisas horríveis que os homens dizem *on-line* às mulheres, deveria responder: *Você se acostuma*. Ou *Devem ter vidas tristes, sinto pena deles*. E é verdade — imagino que esses homens que passam tanto tempo odiando mulheres e me enviando fotos de fetos ou fazendo vídeos aos berros sobre eu chupar o pau deles devem ter vidas tristes. Claro que sim. Não existe versão de uma vida plena que permita a alguém escrever *Vá se foder, sua vagabunda* no Twitter, ou lhe mandar por e-mail que sua filha de 4 anos vai crescer para ser uma vaca como a mãe dela.

Mas, apesar de minhas melhores intenções e polidez pseudobudista, não sinto pena deles. Não sinto compaixão. Só os odeio. Isso é tudo o que sinto.

Sei que deveria agir como um ser superior; sei que não se deve odiar os outros, porque o ódio é ruim para sua alma. Mas também é ruim para a alma ser chamada de vadia todos os dias durante os últimos dez anos. Da mesma forma que também é ruim para a alma saber que cada vez que você produzir algo para lançar ao mundo, alguém vai tentar destruir sua obra. Que, seja no que for que você trabalhe, quem quer que seja, a horda sem nome de homens aleatórios que vão para casa à noite beijar suas esposas e filhos gostaria que você desaparecesse.

E que às vezes você mesma quer desaparecer, também.

Edgar Allan Poe certa vez chamou a morte de uma bela mulher de "o tema mais poético do mundo", e muitas vezes me perguntei quantas escritoras que se mataram ou se deixaram destruir estariam tentando, de alguma maneira, cumprir essa premissa tão popular. Somos mais valiosas quando estamos sorrindo, mortas, posando; quando nossas palavras preenchem páginas sem nenhum conteúdo real implícito.

Deveria dizer que, se deixamos os outros tão furiosos, é sinal de que estamos fazendo a diferença, o que é verdade. Mas o que também é verdade é que isso é assustador. Não quero dar palestras nunca mais; não quero ficar diante de uma multidão, porque tenho mais medo do que costumava ter. Mas, ainda assim, discurso deliberadamente naquele palco e sorrio.

A primeira vez que me encontrei em uma situação na qual tive noção do inacreditável alcance de minhas palavras foi em uma conferência em Cambridge, para mulheres da mídia, no campus do MIT, em que a organizadora abriu a sessão falando sobre as mulheres incríveis que participavam daquele encontro. Ela mencionou meu nome em uma sala cheia de mulheres, e uma garota sentada na fileira diante de mim disse: *Emocionante!* Minha amiga e eu nos entreolhamos, chocadas. Sabíamos que as pessoas acompanhavam nosso *site*, mas era difícil imaginá-las como pessoas de carne e osso sentadas à nossa frente.

O melhor e o pior conselho que recebi sobre ser poderosa e ter uma carreira bem-sucedida foi: *Finja até ser verdade.* Muitos de nós, em especial as mulheres, não se sentem confiantes, nem dignas ou inteligentes o bastante para estar na posição pela qual trabalhamos arduamente. Então, em vez de deixar essa insegurança assumir o controle e mostrar ao mundo quão vulneráveis nos sentimos, devemos agir como se aquilo fosse natural para nós. Fingir sentir seu direito de estar lá — algo que parece ser tão natural para nossos colegas do sexo masculino.

Vivencio esse conselho todos os dias e me odeio a maior parte do tempo. *Finja até ser verdade*, mas em que ponto você passa a ser apenas uma porra de uma fraude?

O feminismo atual nos diz que precisamos forçar a barra e divulgar nossas reivindicações sem nos sentirmos constrangidas pelas nossas realizações, mas não faz muito tempo que conquistar qualquer tipo de espaço era considerado uma blasfêmia feminista — um transtorno para o movimento. Quando estava grávida da minha filha, a barriga apenas despontando, pediram-me que tirasse meu nome do *site* que eu mesma criei e construí. Não por completo, é claro, mas a esperança era que, por solidariedade feminina, eu me retirasse da seção do *site* em que as escritoras podiam se promover como palestrantes. E quem me pediu isso, constrangendo-me com uma conversa de "liderança coletiva" e "diálogo feminista", foi uma pessoa que tinha recursos financeiros para ela mesma fazer o que me pedia.

Ser bem-sucedida como feminista significava que, de certa forma, você havia fracassado profundamente como alguém que se preocupa com outras mulheres. Uma *verdadeira* feminista não deveria ser capaz de ganhar a vida, ter seu trabalho reconhecido, ocupar seu espaço. Mas o problema é que você já se sente tão pequena que não acha que pode diminuir mais sem deixar de existir por completo. Talvez esse seja o ponto. Os momentos em que você se sente grande são fugazes — você explode, mas o ar escapa a uma taxa contínua enquanto fala e, no final da frase, você retoma o fôlego. *Devagar. Sorria.*

A primeira vez que ouvi meus escritos serem lidos em voz alta foi no mesmo ano em que fui pega escrevendo bilhetes falsos em nome dos meus pais. Minha classe de inglês do segundo ano foi assumida por um substituto, pelo restante do semestre, depois que nosso professor anterior deixou a escola na metade do ano letivo. O sr. McCourt havia se aposentado de Stuyvesant fazia alguns anos, mas era engraçado e tinha um sotaque irlandês, então todos o adoravam.

Escrevi sobre encontrar os pais do meu namorado pela primeira vez e ser apanhada, mais tarde, com as páginas de caderno preenchidas com a assinatura deles. A tarefa de redação era anônima e, por isso, o professor não disse meu nome, mas, assim que começou a ler, sabia que o texto era meu, porém não fiquei tão nervosa quanto pensava que estaria. Fiquei emocionada. Porque ouvir minhas palavras na boca de outra pessoa, vê-lo falar na frente de outras pessoas, me fez sentir como se eu existisse.

Foi a primeira vez, desde que começara a estudar naquela escola em que me sentia tão deslocada, que alguém escolheu algo meu, que alguém *me* escolheu. E assim, no ano seguinte, comecei a fazer aulas de escrita criativa e de Shakespeare com a sensação de que elas eram semelhantes às aulas de teatro que já fazia depois da escola, sem poder acreditar na minha sorte quando meu dever de casa passou a ser apenas escrever. Escrever sobre qualquer coisa que eu quisesse.

Escrevia sobre meus pais, os garotos, festas, e, um dia, quando recebi de volta uma tarefa de escrita criativa de dez páginas de um professor que não era o sr. McCourt, na margem de uma parte em que descrevia meu pai aos berros comigo, o professor escrevera: *Ele está bravo devido à sua promiscuidade?*

Estou cansada de fingir confiança ou ser informada de que a falta dela é uma falha, quando me parece que essa é a reação mais natural que eu poderia ter pelo *feedback* que as mulheres recebem a vida toda. Não quero ser confiante ou inspiradora, e realmente não desejo mais parecer animada, porque fingir às vezes consome mais energia do que o próprio trabalho.

Mas, ainda assim, fingir foi o que me trouxe até aqui. Toda vez que coloco um vestido justo e saltos altos, e faço escova no cabelo para ir a uma festa ou a um "evento", no qual inevitavelmente servirão salmão, que eu odeio, sinto-me deslocada, porque *quem diabos eu acho que sou?*, mas também orgulhosa, porque estou ali. Dá vontade de enviar fotos para os meus pais.

Uma jovem ativista que certa vez me viu em uma arrecadação de fundos me tuitou, com raiva, dizendo que eu parecia estar à vontade lá — entre aquelas pessoas ricas e bem penteadas, simpatizantes do pró-escolha. Como se fosse uma traição, apesar de ter sido para isso que trabalhei tanto.

No meu trigésimo sexto aniversário, minha filha me presenteou com um "livro" que ela escreveu, porque quer ser escritora como eu, ela disse. O livro, escrito com lápis de cera em papel colorido e encadernado com barbante, era sobre me assistir fazendo um discurso.

Estava recebendo um prêmio de uma organização humanista, e Layla sentou-se na primeira fileira, evitando o salmão, mas entusiasmada com o bolo de chocolate com ganache de framboesa, enquanto olhava para mim. Ela me observou falar por um tempo e não comentou muita coisa, mas escreveu esse livro e desenhou o prêmio — um substituto para minha confiança — com meu nome gravado em vidro, provando que cheguei lá de fato.

Fomos até o parque da Vila Sésamo depois do evento e ficamos olhando Layla evitar as pessoas fantasiadas como os personagens do programa. *São muito grandes*, disse ela. *Eles são de verdade?*

Alguns meses atrás, dei uma palestra em uma faculdade, apesar de ter estado doente durante semanas. Sentia-me fraca. Sorri e posei, e sentei-me para autografar livros depois. Mas, no meio da coisa toda, em certo momento, quando uma jovem colocou seu livro na minha frente, assinei o nome de minha mãe.

MÃOS

Chamaram de emergência, mas ainda acharam tempo para raspar minha vagina. A enfermeira — acho que era enfermeira — usou uma lâmina azul Bic, do tipo que minha mãe comprava em pacotes de dez e deixava sob a pia do banheiro. Eu caçoava dela por usar lâminas tão baratas, envergonhada com os toquinhos de pelo em sua perna e a pele irritada na virilha quando usava biquíni. Também fiz piada para a mulher que deslizava a lâmina pelo meu púbis sobre não estar devidamente preparada — *Afinal de contas, quem se depila com cera na gravidez?* Ela não disse nada, deixou alguns pontos irritados e vermelhos, e desapareceu.

Três dias antes, eu tinha ido à minha médica para um *check-up*, mas sentia que algo não estava certo e disse-lhe isso. Os batimentos cardíacos de Layla estavam bem, mas a enfermeira continuava a medir minha pressão sanguínea. Uma, duas, três vezes. Então, minha médica entrou, apagou as luzes e me disse para relaxar e deitar-me de lado antes de medir a pressão pela quarta vez. Em seguida, fez-me atravessar a rua até o hospital.

Não curti estar grávida. Sentia-me mais suada do que resplandecente e não apreciava a vontade súbita que as pessoas pareciam ter de tocar em mim: na minha barriga, mesmo antes de ela crescer; no meu ombro, como que compadecidas. Da noite para o dia, estranhos se sentiam no direito de saber se eu amamentaria ou de perguntar por que minha barriga não era maior aos seis meses de gestação. *Está comendo direito?*

Na primeira vez em que fui hospitalizada, não fui andando para lá, mas levada de ambulância, depois de bater as costas em uma árvore enquanto esquiava. Tinha 15 anos, estava em uma viagem escolar e era uma esquiadora moderadamente boa. Ainda assim, na primeira descida do dia, encontrei um trecho de gelo e perdi o controle. Vi que iria bater na árvore e então me joguei no chão, deslizando de lado os últimos centímetros antes do impacto. Mais tarde, o médico me disse que isso provavelmente salvou minha vida, ou pelo menos minha capacidade de andar. Tive sorte, eles disseram, de ter rompido apenas o baço e machucado meus rins.

Estava sozinha quando aconteceu, e fiquei lá deitada na neve por algum tempo antes que um colega da escola passasse e fosse buscar ajuda. Então, dois homens me amarraram a um trenó e me perguntaram em que dia estávamos e qual era o meu nome. Devo ter respondido algo errado, porque eles usaram o *walkie-talkie* para solicitar uma ambulância.

Não tinha hematomas nem nada esfolado em nenhuma parte do corpo, apenas uma dor severa no ombro esquerdo. O estranho, contei ao médico no alojamento, era que eu não tinha batido o ombro durante a queda. Foi quando ele disse ao homem de pé ao lado dele: *Precisamos levá-la para a ambulância agora.* Aparentemente, a dor nos ombros é um sinal de danos internos.

Meus pais estavam em casa, a seis horas de carro dali, então, quando chegamos à sala de emergência, pedi a alguém que ligasse para eles. Eles me deixaram falar ao telefone com meu pai enquanto trabalhavam em mim, o fio em espiral totalmente esticado para me alcançar na maca do outro lado da sala. Disse a ele que estava bem, mas, enquanto falávamos, uma enfermeira colocou um cateter dentro de mim e eu gritei. Foi a primeira vez que falei um palavrão na frente do meu pai.

Consegui evitar uma cirurgia para remover o baço porque o órgão estava encapsulado, conforme me explicaram, por uma fina camada de pele que mantinha tudo no devido lugar, prevenindo que o sangue vazasse para o abdômen. Poucos dias depois, sempre que trocava de perna na sustentação do peso do corpo, dava para sentir o sangue chacoalhando dentro de mim.

Quinze anos depois, quando minha obstetra me enviou ao hospital St. Luke's-Roosevelt, à época em Hell's Kitchen, não estava sozinha. Além de Andrew, minha mãe estava comigo. Por pura sorte, ela tinha ido junto à consulta médica naquele dia, porque Andrew tinha saído na noite anterior e estava com uma baita ressaca para dirigir. Assim, ambos estavam lá comigo quando a médica nos disse que eu não deixaria o hospital até o parto, sendo que a data prevista para isso era dali a três meses.

Disseram que se tratava de pré-eclâmpsia — pressão arterial alta, algo que parece inócuo, mas na gravidez é fatal. Uma enfermeira colocou-me um acesso venoso para o caso de eu começar a ter convulsões e precisarem me medicar com urgência. Estávamos céticos, pensando que fora apenas uma coincidência ou minha ansiedade afetando a pressão sanguínea. Eu estava saudável; na maior parte do tempo, sentia-me bem. Mas a cada nova visita de um novo médico ou enfermeiro chegavam mais notícias ruins.

Depois que a primeira médica disse que eu não iria embora até o parto acontecer, começamos a planejar a forma como eu passaria os próximos três meses no hospital. Andrew fez listas de DVDs que ele poderia trazer para o meu *laptop*, começou a recrutar amigos para me visitar e trazer comida de fora do hospital, e fez um cronograma de visitantes em uma planilha. Eles continuavam testando a quantidade de proteína em minha urina, fazendo-me levar um recipiente para coleta toda vez que eu fosse ao banheiro, para que pudessem verificá-la.

Uma neonatologista foi ao nosso quarto para nos relatar todas as coisas que podem dar errado quando você tem um bebê prematuro. Não entendemos. *Pensei que ficaria aqui por três meses*. Ela nos disse que ficaria feliz se eu conseguisse ter mais uma semana de gestação antes do parto.

Tive três dias.

Os pais de Andrew vieram da Califórnia em um voo noturno e, quando os vi, lembro que chorei e me desculpei; não tenho certeza por quê. No dia seguinte, transferiram-me para um andar diferente — um sinal de que eu não era um caso tão urgente quanto o de outras mulheres que precisavam estar na seção de trabalho de parto e obstetrícia. Mas, naquela noite, mudaram de ideia e me removeram de novo. Os pais de Andrew me trouxeram uma canja e massa cozida de um restaurante nas proximidades, e pedi um Ambien às enfermeiras. Poucas horas depois, acordei com uma dor horrível nos flancos e nas costas. Não era apenas pré-eclâmpsia; eu tinha síndrome HELLP: hemólise, enzimas hepáticas elevadas, baixa contagem de plaquetas. Ou, em termos leigos: *fodeu!* Precisava fazer o parto ou corria o risco de morrer.

Uma vez que sua gravidez dá errado — realmente errado —, ninguém prepara você para o grande número de pessoas cujas mãos estarão dentro de você em questão de horas. Primeiro, minha médica — não mais a obstetra de antes, mas uma mulher mais nova que estava de plantão, em quem confiei de cara, talvez por necessidade ou devido a seus dedos tocarem o colo do meu útero. Depois, um homem que achei ser um atendente do hospital, mas que por fim era um médico que entrou no meu quarto, levantou minha camisola e meteu os dedos com tanta força em mim que eu gritei. Pelo menos o anestesista não me tocou, embora fosse bonitinho.

Quando ele entrou no quarto, apesar de eu estar inchada com cerca de sete quilos de água e um fígado a caminho da falência, minha irmã e eu achamos tempo de trocarmos um olhar, as sobrancelhas arqueadas. Ele tinha pele escura e olhos cinzentos, e era bem alto. Sorri e ajeitei uma mecha de cabelo — que não era lavado havia dias — atrás da orelha. Perguntei se aquilo iria doer.

Logo depois, uma enfermeira me deu uma droga para induzir o trabalho de parto e comecei a sentir fisgadas, nas pernas e na barriga, que me disseram serem contrações, mas pareciam cãibras. Fiquei feliz em sentir alguma coisa. Durante a gravidez, não sentira o bebê se mexer muito, somente uns chutinhos de nada aqui e ali. Só uma vez, alguns dias antes de eu adoecer, realmente me senti grávida: o topo da cabeça de Layla se projetou sob minha pele, e Andrew e eu assistimos, espantados, enquanto ela se movia para o outro lado da minha barriga.

Passada uma hora depois de me darem a droga, disseram-me que o parto vaginal não poderia acontecer, pois meu fígado estava em perigo. E então alguém raspou minha vagina.

Andrew me contou depois que meus braços não estavam amarrados, mas é assim que me lembro deles: braços esticados para os lados formando um "T" com o corpo, pesados de fios e tubos, e eu sendo levada de maca para a sala de cirurgia nua da cintura para baixo, enquanto um grupo de pessoas preparavam instrumentos cirúrgicos e conversavam entre si como se eu não estivesse na sala, com minha recém-tosquiada vagina à mostra.

Minha mãe diz que, quando fez uma cesariana, não sentiu nada; a piada na família era que, quando o médico perguntou a ela como se sentia — enquanto a cortavam —, ela respondeu que tinha um pouco de dor de cabeça. Mas eu senti tudo. Não a dor propriamente dita, mas puxarem e repuxarem, mudando coisas de lugar, que imagino que fossem meus órgãos. Perguntei-me se os estavam retirando, para colocá-los na mesa ao lado. Imaginei que aparência poderiam ter.

Andrew sussurrava no meu ouvido o que, tenho certeza, ele pensou ser uma respiração tranquila que eu deveria imitar. Só queria que ele parasse, mas não disse nada, porque achei que, se eu morresse, não desejaria fazê-lo reclamando com ele por ser um bom marido e fazer o melhor que podia. Perguntei quanto tempo mais aquilo demoraria.

Sei que os médicos me mostraram Layla por um instante, depois de tirá-la do meu abdômen aberto, antes que a levassem para a unidade de terapia intensiva neonatal. Mas as drogas que me deram apagaram esse fato da minha memória. Fabriquei uma lembrança dessa cena para ter algo, mas a última coisa de que me lembro foi começar a adormecer enquanto as mãos dos médicos ainda estavam em mim, e Andrew perguntava a eles se aquilo estava certo. É provável que ela esteja *muito cansada*, um dos médicos brincou, e nós dois achamos que ele foi um idiota por ter respondido isso.

Layla estava no alto de minha barriga, então, o médico me disse depois que precisaram fazer cortes nos dois sentidos, horizontal e vertical, e que, por isso, nunca mais eu poderia ter um parto normal no futuro, pois as contrações poderiam romper meu útero.

Senti-me um lixo.

O BEBÊ

A primeira vez que me lembro de ver minha filha, ela era a imagem de um bebê que não parecia um bebê. Uma enfermeira da unidade neonatal me trouxe a foto enquanto eu estava no meio de uma sala de recuperação sem janelas, depois de minha cesariana, separada de outras mulheres por algumas cortinas e uma névoa de drogas e esgotamento físico.

Segurei a foto — decorada com uma borda impressa em cor-de-rosa, parecida com aquelas de cabine de fotos de *shopping* — com ambas as mãos. Minha filha tinha pouco mais de novecentos gramas e uma pele vermelha e enrugada pendendo de minúsculos ossos, e estava coberta de fita-crepe e tubos. Na parte inferior da imagem, fora impresso LAYLA VALENTI em letra cursiva, tapando fosse qual fosse o tipo de máquina que empurrava o ar para seus pulmões. Fiquei satisfeita por terem deixado de fora o sobrenome de Andrew — um pequeno erro diante das circunstâncias, pensei.

Antes de me levarem a foto, ficara perguntando a Andrew qual era o nome dela, e fiquei feliz em ter a foto para me lembrar. Pedi que diminuíssem a medicação para dor, para amenizar um pouco o atordoamento, mas a enfermeira disse que não era uma boa ideia e me deu mais duas grandes pílulas redondas. Quando minha mãe entrou no quarto, esperei que Andrew saísse e confidenciei a ela que achei que fosse morrer. Meu corpo estava tão inchado, que os enfermeiros não conseguiam tirar sangue. Toda vez que tentavam, deixavam uma marca de alguns centímetros no meu braço — então, trouxeram um anestesista para tentar encontrar uma veia. A empreitada custou a ele mais de dez tentativas e vinte minutos.

Fui ver o bebê 24 horas depois, deitada em uma maca. Uma enfermeira me levou até a UTI neonatal e me colocou ao lado da incubadora. Ainda não conseguia me sentar, então, estendi o braço e meti a mão pelo buraco no plástico, usando um dedo para acariciar seu pequenino braço vermelho. Uma enfermeira da unidade neonatal me falou, entretanto, que os prematuros não gostam disso — estímulo demais para alguém que deveria ter ficado no útero por mais três meses. Limitei-me apenas a ficar deitada ali, olhando para ela — azulada pelas luzes destinadas a ajudar na icterícia, um pedaço de espuma cobrindo seus olhos para protegê-los. Ela estava de bruços e movia as pernas de vez em quando; parecia tentar escalar alguma coisa ou se arrastar.

Quando voltei para o quarto, caí no choro, comprimindo a barriga, dizendo para o meu marido que precisava do meu bebê, mas parei logo depois, envergonhada pelo espetáculo. Ainda assim, sentia-me vazia — como se minhas vísceras tivessem sido deixadas na mesa de operação.

Quando estava bem o bastante para ser transferida a um quarto particular, eles pediram que eu bombeasse meus seios imediatamente. Mesmo que o bebê ainda não pudesse se alimentar devido a seu aparelho digestivo muito imaturo, queriam que eu começasse a encher o refrigerador da UTI neonatal. Deram-me embalagens de mamadeiras plásticas de sessenta gramas que se encaixavam no fundo de minha bombinha de tirar leite amarela, mas, quando experimentei o aparelho, a única coisa que saiu dos meus mamilos foi uma gosma marrom e sangue. Mesmo assim, continuei bombeando enquanto sangrava, até que meus mamilos tivessem esticado o triplo de seu tamanho na máquina para, enfim, o leite aparecer. Colei etiquetas com o nome do bebê nas mamadeiras e as coloquei nas gavetas da geladeira, enfileiradas com o leite de outros bebês. A cor das demais mamadeiras de leite pareceu-me mais limpa em comparação com a minha.

Gostaria de dizer que, uma semana depois, recusei-me a deixar o hospital, pois não suportava pensar em deixar meu bebê lá. Mas a verdade é que tudo o que eu queria era ir para casa. No dia em que a deixei em uma sala grande com uma dúzia de outros bebês doentes, implorei à minha médica que apressasse as formalidades, para que eu pudesse estar na minha cama antes do anoitecer. Ela me olhou estranhamente e disse: *Você sabe que seu bebê não vai para casa tão cedo, não sabe?* Sim, eu sabia.

Por oito semanas, o bebê morou em uma caixa de plástico chamada incubadora. Era totalmente transparente, para que as enfermeiras pudessem ficar de olho nela caso precisasse delas, com buracos nas laterais para poderem lidar com ela sem tirá-la daquela caixa, que seria sua casa por tanto tempo.

Exceto pelo bombeamento, não havia muito para fazer além de me sentar ao lado dela. Sentar-me e esperar que ela acordasse, segurando — não acariciando — seu braço através do buraco de plástico. Sentar-me e esperar até que uma das enfermeiras concordasse em me ajudar a tirá-la dali, desenrolando o labirinto de fios, para que pudesse descansar no meu peito. Enquanto ela permanecia ali, eu inspirava e expirava alto, meu peito subindo e descendo, sussurrando: *Pulmões fortes, pulmões fortes.* Mas ela só podia ficar comigo por curtos períodos, porque era pequena demais para regular a própria temperatura corporal, necessitando voltar para sua incubadora aquecida Isolette, cujo nome eu achava apropriado para uma caixa em que os bebês tinham de ficar isolados o dia inteiro.

Com o passar dos dias, fui conseguindo segurá-la cada vez por mais tempo, porém, na maioria das vezes que o fiz, seu nível de oxigênio baixou, ou sua frequência cardíaca diminuiu, e, apesar de as enfermeiras não chegarem a correr, elas definitivamente se apressavam para tirá-la com cuidado dos meus braços e tomar providências — fazer-lhe cócegas nos pés ou movê-la para recuperar a respiração ou fazer seu coração bater em uma velocidade mais adequada. Ela ficou azul algumas vezes enquanto eu a segurava, e em uma das vezes isso aconteceu de forma tão intensa, que a enfermeira bateu-lhe no peito até que ficasse rosada outra vez.

Era dessa maneira que eu deveria segurá-la, explicaram. Tinha de me certificar de que a cabeça e o pescoço estavam no ângulo exato para deixar passar o ar — se a cabeça dela se inclinasse muito para trás, ela deixaria de respirar, e, se a cabeça se inclinasse muito para a frente, cortava também o suprimento de ar. Eu não gostava muito de segurá-la no colo.

Quando me sentava com minha filha, às vezes eu fazia a contagem dos fios ligados a ela: múltiplos adesivos presos aos fios para a frequência cardíaca, outro ao pé dela para medir o nível de oxigênio, o braço imobilizado com palitos de picolé e fita-crepe, para que não pudesse arrancar o acesso intravenoso central que ia quase direto ao coração dela. Nos dias bons, ela ficava apenas com uma cânula nasal; nos dias ruins — semanas, na verdade —, tinha uma máquina CPAP para forçá-la a respirar, o plástico esticando suas narinas e esfolando partes do seu rosto. Mais tarde, surgiu também o tubo de alimentação — às vezes em sua boca, às vezes enfiado pelo nariz. Enquanto esteve lá, ela precisou de uma transfusão de sangue, um de seus pulmões sofreu um colapso, teve problemas de alimentação e respiração, mas não precisou de nenhuma cirurgia. Tivemos muita, muita sorte, eles nos disseram.

Os outros bebês da sala tinham pais sentados com eles também, às vezes apenas um deles. Um bebê estava lá havia muito tempo — ele era maior do que todos os outros, mas não conseguia respirar por conta própria. Às vezes, alguns bebês já não estavam mais lá pela manhã, mas, como eram muito pequenos para terem ido para casa, sabíamos então para onde tinham ido.

A música cantada com mais frequência na UTI neonatal era "You Are My Sunshine". Todos os pais a cantavam em versões diferenciadas — em um ritmo mais rápido, ou enfatizando palavras diferentes. Andrew e eu observávamos quem cantava pior. Mas o que era universal ali era a letra, que me atingiu em cheio por ser tão apropriada: *Por favor, não tire minha luz do sol... Quando acordei, querida, eu estava enganado, então baixei minha cabeça e chorei...*

Andrew e eu tínhamos uma rotina. Um ou ambos passávamos o dia no hospital. Nos poucos dias que tirava para não ir lá, forçava-me a assistir a vídeos dela chorando ou tomando banho, até cair no choro ou os meus seios começarem a vazar através do sutiã. Apenas uma forma de castigo para alguém egoísta o bastante para ficar em casa enquanto seu bebê estava lá sozinho.

À noite, assistíamos *Friday Night Lights* no *laptop* de Andrew, encomendávamos o jantar e depois dividíamos um pote de sorvete. Às onze e meia da noite, Andrew ligava para a UTI neonatal a fim de verificar o progresso do bebê e pedir à equipe de enfermagem daquela noite para, de vez em quando, mudar a posição da cabeça dela. A maioria dos bebês permanecia deitada de bruços, com a cabeça de frente para a porta, na direção da equipe médica, de modo que, se estivessem passando mal, as enfermeiras pudessem perceber pela expressão do rosto. Mas, como os bebês ficavam deitados assim por horas, dias e semanas, um dos lados da cabeça deles começava a achatar. Mudar a posição de vez em quando ajudava, pelo menos, a obter um achatamento simétrico. "Cabeça de torradeira", como chamavam nos fóruns *on-line* sobre prematuros que consultei.

Nós nos elogiávamos sobre o excelente trabalho que estávamos fazendo. Mas Andrew ainda não aguentava olhar para nossa bebê quando a visitava, preferindo, em vez disso, olhar o celular enquanto segurava a mão dela. E eu queria manter as aparências publicando um artigo atrás do outro, embora saísse de lá todos os dias convencida de que ela iria morrer, e fui à noite de autógrafos de um amigo quando ainda tinha pontos na parte inferior da barriga. Um famoso colunista olhou para mim horrorizado quando tentei caminhar e quase desmaiei.

O bebê teve alta exatamente oito semanas depois de ter nascido, uma semana depois do meu aniversário de casamento de um ano e quatro semanas após o vigésimo sétimo aniversário de Andrew. Ela pesava um quilo e oitocentos gramas.

Não me lembro de muita coisa depois que ela chegou em casa. Recordo-me dela dormindo quase na vertical em uma cadeirinha de bebê, porque o refluxo ácido que tinha era tão doloroso que, se deitasse, vomitaria e começaria a chorar. Lembro-me de dormir a primeira noite com a mão sobre seu peito na esperança de que, se ela parasse de respirar, eu pudesse sentir na palma da mão. Lembro-me de posar para fotos, sorrindo, e enviá-las para minha família.

Meu calendário meticulosamente programado para 2010 me diz que, alguns dias depois que Layla chegou em casa, recém-saída da UTI neonatal, recebemos a visita de alguém de um serviço de enfermagem domiciliar. Lembro-me de que ela me elogiou por carregar o bebê em um *sling*, pois *ajuda a formar uma ligação*, segundo suas palavras. No dia seguinte, Andrew fez uma aula de ressuscitação cardiopulmonar, aprendendo a ressuscitar uma criança de um quilo e oitocentos gramas caso ela parasse de respirar de repente — um requisito para qualquer pai que traz para casa um bebê tão pequeno.

Na outra semana, tivemos uma consulta com o pediatra, uma consulta com o oftalmologista pediátrico e um especialista em intervenção precoce. Na semana seguinte, tive terapia, outra visita da enfermeira e uma consulta com um cardiologista pediátrico, que nos contou, em um consultório no Queens, onde havia uma bandeja laranja de lanchonete suja ao lado da mesa do médico, que o bebê tinha um buraco no coração. Que deveríamos voltar em alguns meses, e que ela poderia precisar de cirurgia cardíaca.

Então, outra consulta médica, outro exame de vista para o bebê, almoço com alguns amigos e uma segunda opinião sobre o coração de Layla. Desta vez, consultamos alguém da Universidade de Nova York, que tinha o equipamento mais avançado, conforme nos informou a enfermeira, de imagem cardíaca. Esse médico nos disse que não, ela não precisava de cirurgia, ela não precisava de nada. Talvez o buraco tenha se fechado por conta própria — talvez o primeiro médico tenha errado no diagnóstico. Não precisávamos voltar. No dia seguinte, fomos a um gastroenterologista pediátrico porque o bebê não conseguia manter a comida no estômago e evacuava sangue.

Ela era tão alérgica a produtos lácteos que, se eu comesse um biscoito amanteigado e a amamentasse, apareciam riscas vermelhas em suas fraldas.

Não me lembro de ter sido uma boa mãe.

Quando ainda estava grávida, tinha concordado em escrever um livro sobre maternidade. E, agora, com um bebê que eu tinha certeza de que não sobreviveria e a incapacidade de sair de casa por medo de que, se o fizesse, ela morreria sem mim por perto, eu tinha que escrever. O adiantamento já fora gasto — em despesas médicas e especialistas, e também para nos manter, porque *freelancers* não têm licença-maternidade. Então fui me encontrar com meu editor, que me fez perceber que eu não chamava Layla pelo nome dela, mas só dizia *o bebê* ou *ela* sempre que precisava.

O cérebro faz coisas estranhas para nos proteger. Eu sabia que a amava, mas há uma diferença entre amar alguém e ter a capacidade de sentir esse amor. Para ser justa comigo mesma, não sentia muito de coisa alguma, mas não sentir a emoção mais poderosa que se supõe que uma mulher deva sentir — por um bebê que precisa de você para sobreviver, alguém que você trouxe ao mundo — é o pior de tudo, porque você se sente um fracasso no nível mais básico de humanidade. Claro, você pode até escrever livros, mas se não consegue sequer amar uma criança que seja sua de maneira adequada, que tipo de pessoa de merda você deve ser?

    É por isso que sou grata pela tecnologia. Porque, passados alguns anos, quando vejo as fotos que tirei dela durante aquele período — quando vejo os vídeos em que estou babando em cima dela e rindo —, percebo que não me deixei envolver pelo meu entorpecimento por completo. Ou eu era muito boa em fingir, ou talvez não estivesse fingindo, embora me encontrasse enterrada demais no meu próprio cérebro para me dar conta disso. A mãe nesses vídeos parece presente e feliz, batendo palmas quando seu bebê dança, beijando-a na barriga e acariciando seu braço para ajudá-la a adormecer. Gostaria de poder reconhecê-la ou lembrar-me dela.

    Pelo menos, Layla pode.

GELO

Poucos meses depois de nos mudarmos para Boston, para uma casa vermelha que fica em uma esquina que dá para uma rua sem saída, comecei a comer gelo.

Sempre gostei de manter um copo de água gelada por perto — na minha mesa enquanto trabalho, no criado-mudo enquanto durmo —, por isso, não me dei conta a princípio de que, junto com os goles, sorvia também as formas oblongas e geladas na minha boca, revirando-as antes de mordê-las, os fragmentos atingindo o interior de minhas bochechas com uma onda gélida.

Mas dali a instantes não estou apenas comendo o gelo de minha água, e sim caminhando até o congelador várias vezes ao longo do dia para escolher mais cubos e mastigá-los sozinhos. Talvez tenha sido Andrew o primeiro a notar, o som de mastigação alto o suficiente para não deixá-lo dormir à noite, quando nos deitamos um ao lado do outro. Fosse lá quem fosse o primeiro a reparar, no entanto, o pensamento inicial que me vem à mente é sobre Rebeca de *Cem Anos de Solidão*, que comia terra e reboco das paredes. Minha testa se franze ao me lembrar de como ela acabou sozinha e triste, escondida em um casarão.

Layla tinha 1 ano de idade quando chegamos a Boston, mas não parecia ter mais de seis meses. Quando a levei ao novo pediatra perto do Boston Children's Hospital, na sala de espera, as outras mães olharam para ela enquanto segurava minha mão e caminhava, rindo e balbuciando coisas incompreensíveis, como se se tratasse de uma espécie de bebê genial. Andrew e eu brincamos sobre isso muitas vezes — sua pequenez causando complexo de inferioridade nos outros pais sobre os próprios filhos de tamanho dentro da média, sem perceber quanto, na verdade, eram sortudos.

O novo médico nos diz que Layla está abaixo do peso e ela é enviada a uma nutricionista, que "prescreve" sorvete de baunilha todos os dias depois do jantar, agora que ela superara a alergia ao leite. Passo a colocar manteiga em tudo o que ela come, esmagando-a em seu purê de batatas e misturando-a com espinafre, e até no feijão-preto. Levo sempre comida comigo — nos bolsos e na bolsa —, colocando algo em sua boca sempre que ela permite.

Como por solidariedade, perdi quase sete quilos durante esses primeiros meses na nossa nova casa, sem fazer regime. Vou ao médico para descobrir por que isso está acontecendo: para meu constrangimento, mais por estar preocupada com a queda de cabelo do que pelo emagrecimento. Entretanto, sei que isso está acontecendo porque perdi o gosto pela comida. Ainda assim, digo ao médico que estou comendo normalmente.

Não é algo consciente, mas só consigo me forçar a comer alguma coisa uma vez que Layla esteja dormindo no quarto e eu possa sair para a varanda com vista para a rua e dar dois pequenos pegas num baseado. Só então fico com apetite suficiente para pedir o jantar, em geral, comida cubana ou chinesa, que como diante da televisão, enquanto Andrew trabalha até tarde. Durante o dia, simplesmente me esqueço de comer, ou não quero, e, em vez disso, bebo água e mastigo gelo.

Minha médica analisa os cabelos finos em minhas têmporas e dá uma olhada no meu histórico em sua pasta marrom. *Dois miligramas?* Ela está surpresa com a quantidade de medicação ansiolítica que estou tomando e se pergunta, ela diz, se a perda de cabelo não é apenas resultado do estresse. *Você puxa o cabelo?*

Ainda assim, ela não está feliz com as pílulas. Um miligrama de manhã e um miligrama à noite. Apesar do horário rigoroso, carrego um frasco de Ativan comigo para todos os lugares aonde vou, no caso de eu começar a acreditar que Layla está morta no quarto ou, como fiz em Nova York, não sair de casa com medo de que, assim que o fizesse, algo terrível aconteceria com ela.

Nossa casa no Queens — em um quarteirão histórico em Sunnyside Gardens, onde cada casa tem um quintal que se funde com os outros em um grande espaço comum com um caminho sinuoso — era antiga, mas enorme. Tinha três andares e um porão, onde colocamos uma mesa de pingue-pongue. O bairro foi uma das primeiras comunidades planejadas nos Estados Unidos, construída na década de 1920; após a Grande Depressão, mais da metade dos moradores perdeu sua casa. Em vez de saírem, no entanto, eles se mobilizaram, pressionando os funcionários do Estado, e, quando isso não funcionou, fizeram uma greve conjunta reivindicando prestações mais baixas da hipoteca. A maioria, mesmo assim, teve de ir embora.

Enquanto eu estava grávida, pensávamos que queríamos viver naquele bairro de árvores e quintais grandes de forma permanente, e decidimos um dia olhar uma casa à venda do outro lado do gramado compartilhado atrás de nossa casa. O casal que morava lá era uma década mais velho que nós e havia modernizado a casa de modo sensacional: ar central, um porão reformado, a cozinha totalmente nova.

Os três andares eram mais estreitos do que os da nossa casa, porém, mais bem conservados, e os cômodos estavam pintados e decorados de maneira impecável.

Quando perguntamos por que queriam se mudar, eles se entreolharam primeiro antes de responder que apenas sentiam que precisavam de uma mudança.

Subimos até o segundo andar e, além de um espaço para escritório e um longo corredor, havia um quarto vazio — o único quarto vazio na casa. Era rosa, com rodapé e rodateto brancos. Atrás da porta e no interior dos armários havia pequenos ganchos brancos aparafusados na altura do meu quadril. No mesmo instante senti vergonha por ter comentado com eles sobre minha gravidez, sobre como queríamos comprar uma casa para começar nossa família.

Depois que Layla nasceu, esse casal vinha à minha mente em momentos inoportunos: enquanto eu amamentava, enquanto Layla dormia com minha mão sobre seu peito.

Ela era tão pequena quando deixou a UTI neonatal e a levamos para casa que, quando eu a amamentava, tinha de ter cuidado para que, enquanto ela sugava meu mamilo, meu seio não cobrisse seu rosto, tapando suas narinas e sufocando-a. Eu tinha certeza de que, se desviasse o olhar, meu peito a mataria, por isso pressionava a parte superior de minha aréola com um dedo enquanto ela mamava, para manter a pele longe de seu rosto. Soltava para conferir — sim, isso a mataria — e o segurava outra vez.

Layla era tão pequena que, quando eu a colocava para arrotar, seu corpo inteiro tremia, seus braços magros estremecendo involuntariamente para cima a cada batida. Quando olho para as fotos que publiquei nas mídias sociais à época, entendo agora porque poucas pessoas curtiram: ela não parecia um bebê feliz e sadio. Não se encaixava em nenhuma cadeira de descanso nem na cadeirinha do carro, a menos que estofássemos as laterais com toalhas enroladas. Mantínhamos uma planilha de quanto ela comia e com que frequência. Examinava suas fezes para me certificar de que estavam normais e de que não havia nenhuma mancha de sangue aparente.

Como não tive chá de bebê para Layla — estava no hospital, prestes a tê-la na época —, parentes e amigos nos enviaram pacotes de presentes de boas-vindas. Alguns brinquedos, uma cadeira alta e as menores roupas que conseguiram encontrar.

Um parente enviou um conjunto de camisa e calça de uma empresa especializada em roupas para prematuros. Sob o papel de seda, em cima da pequena camiseta com estampa de cenouras, havia um cartão que anunciava o *site* da empresa. Na parte inferior do cartão, estava escrito: "Também temos conjuntos para luto".

Comecei a esquecer coisas. Podia estar a caminho da loja de alimentos naturais de meus pais no Queens Boulevard — a última tentativa deles de manter um pequeno negócio —, sem me lembrar do motivo de ir até lá. Conversando com Andrew, fazia uma pergunta que ele acabara de responder alguns minutos antes. Certo dia, um dia ruim, entrei no meu carro e, de repente, percebi que estava no centro do Queens, dirigindo pela vizinhança onde a loja de roupas dos meus pais ficava quando eu era criança. Passou-se uma hora inteira da qual simplesmente não conseguia me lembrar.

Quando eu olhava para Layla, via um bebê com peças faltando. Se estivesse em um lado da sala de estar, no sofá, e ela, no bebê-conforto do outro lado da mesa de café, e eu não conseguia ver sua boca sob a sombra do cobertor que a cobria, achava que ela não se movia pois tinha parado de respirar. Quando ela dormiu ao meu lado em um miniberço que ficava preso na lateral de nosso colchão, e acordei e não vi suas pernas lá, fiquei com medo de que estivessem presas na lateral do miniberço ou, mais estranho ainda, que houvessem desaparecido de alguma forma.

O mesmo aconteceu em Boston após o atentado a bomba na maratona — levei Layla ao parque alguns dias depois e fiquei chocada ao ver um amputado de 3 anos no escorregador, apenas para perceber, momentos depois, que seu corpo estava, de fato, intacto.

É então, com os lapsos de memória e os apagões, as ilusões de óptica e os pesadelos, que percebo que sempre houve algo de errado comigo. Que isso sempre esteve em mim, essa capacidade de me desconectar sem muito problema. Sei que estou vivendo no mesmo mundo que todos os outros, mas também sinto, de forma aguda, que vivo em outro mundo completamente diferente, sozinha. Fico sozinha com Layla em casa na maioria dos dias e sem falar com outros adultos até Andrew chegar. Dou caminhadas até o parque com ela e aponto os patos, mas, fora isso, fico muito calada.

No final, os médicos me dizem que estou anêmica, com deficiência em ferro, e imagino que minhas veias estejam cheias de algo que se aproxima mais da água do que do sangue, fino, frio e imóvel em meus braços. Embora ainda não sinta fome, começo a cozinhar todos os dias na esperança de que isso me inspire a comer. Refeições repletas de manteiga para Layla, pratos elaborados de acém e massa para Andrew, e quaisquer convidados que possam aparecer. Preparo *cheesecakes* e tortinhas de limão com xícaras de açúcar e barras inteiras de manteiga, mais ainda me parecem sem gosto e pesados na minha boca. Nada me apetece.

Sei que não deveria estar tão magra e odeio a forma como meus seios parecem murchos e com estrias, mas, quando vejo minha família e amigos de Nova York, eles insistem em me dizer como estou com uma ótima aparência. *Tão magra depois de um bebê, uau!* Os amigos no Facebook comentam minhas maçãs do rosto, de repente mais visíveis do que nunca.

Decido parar de tomar meu Ativan, que parou de surtir efeito. Só noto a medicação em sua ausência — esqueço de tomar uma pílula um dia e já fico suando e com o estômago enjoado. E, então, minha médica me faz um calendário de como retirar com segurança essa droga que não funciona mais, um calendário que leva semanas e exige um cortador de comprimidos, noites insones e uma força de vontade que não sei se tenho. Fumar maconha ajuda.

Na mesma época em que Layla começa a formar frases, começo a ganhar peso. Ela vai às aulas do grupo de intervenção precoce em Boston com outras crianças que também nasceram antes do tempo ou têm deficiências. Enquanto está lá, se eu me afastar muito, ela diz: *Mamãe, aqui. Mamãe, aqui,* até eu voltar para perto dela.

Mais tarde, quando chega a hora de deixá-la ficar lá sem mim, os professores me dizem que ela repete essa frase sem parar para se confortar, agora dizendo: *Mamãe está aqui, mamãe está aqui.* Ela diz isso de novo à noite, no quarto, e a frase me chega através da babá eletrônica. Se eu não descer para pegá-la imediatamente, ela começa a chorar e vomita. Então, eu a mantenho na cama comigo e Andrew. *Mamãe está aqui*, digo a ela. Mas não tenho tanta certeza.

DONAS DE CASA

Minha avó começou a fazer "favores" em troca de dinheiro vivo logo depois que a empresa de mudanças do marido entrou em falência. Minha mãe era pequena, e ela lembra do velho italiano que morava em seu prédio. Minha avó subia as escadas para vê-lo, conta minha mãe, e, quando descia, tinha dinheiro nas mãos ou havia um pouco mais de comida na mesa naquela noite. Não que ela fosse uma prostituta, minha mãe me diz. Minha avó sabia que tinha que fazer o que fosse necessário para sustentar a família. Além disso, minha mãe complementa, ela não sabe se a mãe dela tinha relações sexuais com o velho ou apenas o masturbava. Ou se as lembranças de um cérebro tão tenro não são dignas de confiança. Ela sabe com certeza, entretanto, que a maior parte do dinheiro que sua mãe conseguia era surrupiada dos bolsos do pai.

Minha mãe era uma de cinco irmãos, e cresceu com três deles. Seu segundo irmão, Robert, tornou-se deficiente após ser vítima de uma terrível pneumonia — a que ponto de sua vida, nunca ficou claro para mim. Aos 10 anos, já estava em uma cadeira de rodas e passou a viver em um centro de atendimento prolongado depois de completar 15 anos, para onde minha avó foi pressionada a levá-lo pela família do marido. Toda semana, durante anos, ela enfrentava uma viagem de oito horas de ônibus para ir vê-lo, por causa da falta de instalações mais próximas que pudesse pagar. Só descobri sobre Robert na adolescência, quando ele morreu e minha avó foi ao funeral.

Minha mãe era a mais nova, o bebê, e, embora sua mãe fosse dona de casa no sentido de que criava os filhos sem muita ajuda do marido e colocava comida na mesa todas as noites, minha avó também trabalhou dez horas por dia por quase toda a vida. Ela trabalhou como babá, mas principalmente em fábricas, uma chamada Goldsmith Brothers e outra que fazia peças de avião, na qual trabalhava na linha de montagem.

Seu marido, Giuseppe — conhecido no bairro como Joe —, tinha um caminhão e uma empresa de mudanças. Ele empilhava as crianças do bairro em seu caminhão para levá-las à praia nos fins de semana, e minha mãe diz que Joe contratava homens que ninguém mais contrataria — homens que passavam o dia inteiro em bares ou negros que moravam no bairro.

Era a contratação desses homens que minha avó culpava pelo fracasso dos negócios do marido. Os clientes não gostavam de vê-los, ela dizia. Não o fato de que seu marido começou a beber pra valer, motivo pelo qual minha mãe se trancava em um armário quando ele voltava para casa furioso à noite. Joe morreu alguns anos depois que ele e minha avó se separaram e muitos anos antes de eu nascer. Ele se incendiou depois de um acidente com um prato quente no apartamento em que morava. Estava bebendo na época. Não foram as queimaduras que o mataram, entretanto, mas uma infecção que pegou depois no hospital. Minha mãe me conta que, depois que minha avó desenvolveu demência, ela dizia o nome Joe durante o sono ou, às vezes, falava com ele quando estava acordada, como se ele estivesse lá. Ela se sentia responsável por sua morte, explica minha mãe.

Sinto um cheiro ruim toda vez que entro em minha casa. Não sei se é a lata de lixo, ou o queijo forte apodrecendo na geladeira, ou as flores que foram deixadas na mesa da sala de jantar alguns dias a mais do que deveriam ficar. Tudo o que sei é que algo não cheira bem.

Andrew fica furioso com minha insistência de que algo em algum lugar está inadequado, porque ele não sente cheiro de nada e porque eu sempre pareço franzir o nariz quando chego em casa, depois de uma breve viagem, e ele é o único na casa. O cheiro não estaria lá, ele pensa que eu penso, se eu estivesse em casa.

Provavelmente não estaria.

Não que Andrew seja porco ou negligente com limpeza, ou seja muito ocupado com seus negócios, mas é que meu nariz é tão sensível que capto as coisas mais cedo. Uma vez, quando estava grávida, recusei-me a beber um copo de água que Andrew trouxe para mim porque estava com um cheiro terrível. *Água não tem cheiro!*, ele gritou, mas mesmo assim foi buscar um novo copo, pois ele é o tipo de pessoa gentil.

O cheiro em Boston é péssimo. Em nossa casa em Boston, devo dizer. Apesar de vivermos em uma casa grande — maior do que qualquer lugar que já tivemos em Nova York ou teremos algum dia —, os odores da casa se espalham por todo lugar. Consigo sentir o cheiro da caixa de areia do gato que fica três pisos acima, ou o vômito seco nas grades do berço de Layla do outro lado do quarto. Sinto-me perpetuamente enojada e limpo tudo com frequência.

Toda vez que vejo um copo sujo sobre o balcão da cozinha, meu rosto fica vermelho. O nível de desrespeito que sinto — injustamente ou não — é como se Andrew tivesse saltado no balcão, arriado a calça e evacuado ali para eu limpar. Meu marido é amável. Ele é feminista. Ele cozinha; ele apoia meu trabalho da mesma forma que apoio o dele. Ainda assim, começo obsessivamente a fazer listas mentais das coisas que Andrew não conhece: o número do calçado de Layla, quando é sua próxima consulta médica; que marca de sabonete usamos. Tenho inveja de que ele fique até tarde no trabalho — eu poderia matar alguém em troca de um escritório, colegas de trabalho, ou até enfrentar o trânsito de ida e volta todos os dias.

Ele me diz para deixar as xícaras no balcão e as meias no chão. Ele as recolherá em algum momento. Mas não consigo. Não acredito nele. E não consigo escrever em uma casa onde algo está fora do lugar.

Pode ser genético. Quando eu era criança, havia a piada na minha família de que você nunca podia soltar algo — uma revista, as chaves de casa, um copo com refrigerante pela metade — porque, no momento em que a coisa deixava sua mão, minha mãe a "limparia". Meu pai, minha irmã e eu vivíamos reclamando com ela, pois não conseguíamos encontrar nada naquela droga de casa, porque ela não parava de tirar as coisas do lugar.

A casa não era apenas limpa; era impecavelmente limpa. Tudo tinha seu lugar, e tudo tinha de estar no lugar. Os amigos que nos visitavam ficavam maravilhados ao ver aquela casa reluzente e bem decorada no meio daquela nossa vizinhança mixuruca. Ainda mais quando iam buscar um lanche. Minha mãe mantinha a geladeira tão abastecida com comida que muitas vezes eu não conseguia fechar a porta sem mudar as coisas de lugar. Nossos armários — portas altas que se abriam para revelar prateleiras e espaços extras de armazenagem — abrigavam dúzias de caixas de massa e comida enlatada. Dez tipos diferentes de biscoitos, cereais e petiscos.

Meu pai nos revelou que aquilo se devia ao fato de minha mãe ter praticamente passado fome na infância; ela só queria se sentir cercada de comida. Saber que estava lá.

Layla de fato não consegue respirar bem em Boston; é como se seus pulmões pudessem sentir o mesmo que meu nariz. Nós a levamos ao pronto-socorro quase mês sim, mês não, quando ela começa a respirar muito rápido ou quando a tosse não passa. Nosso plano de saúde não cobre o custo da vacina que os prematuros precisam tomar para prevenir o vírus sincicial respiratório, uma infecção pulmonar que pode ser fatal em bebês nascidos tão antes da época. Ligamos direto para a empresa, esperando comprar a vacina deles, mas cada dose custa quatro mil dólares. Ela precisa de cinco delas ao longo do ano.

Mesmo depois de Layla ser levada às pressas para o hospital após contrair esse vírus, incapaz de comer, dormir ou respirar normalmente, nosso plano de saúde se recusou a custear a vacina — sua morte precisa ser iminente, eles nos disseram. Então, levo Layla a Nova York, onde seu antigo pediatra guarda essa medicação para aqueles que não podem pagar por ela em uma geladeira nos fundos do seu consultório, e ele lhe dá as doses enquanto ela chora em meus braços. É por isso que sempre vou preferir Queens a qualquer outro lugar — o bairro de meus pais e de proprietários de pequenos negócios é povoado por pessoas que sabem como driblar o sistema quando ele tenta ferrar com você.

Quando volto para casa em Boston e abro a porta com Layla equilibrada no quadril, o cheiro está lá de novo, mas desta vez não consigo localizá-lo. Não há nada na geladeira; o lixo acaba de ser tirado. Chego mesmo a ir ao quintal lateral para limpar qualquer cocô de cachorro que nosso pastor-australiano Monty possa ter deixado, na esperança de que isso faça diferença. Não consigo dormir naquela noite, mesmo colocando um travesseiro sobre o rosto para dissimular o fedor.

Andrew e eu frequentamos a terapia de casal, tanto por minha ansiedade quanto por Andrew estar tão bravo pela ansiedade ocupar tanto espaço no nosso relacionamento. Nosso humor padrão é um leve aborrecimento mútuo com propensão a se transformar em plena raiva pelas mínimas coisas: as roupas dele no chão, minha recusa em fazer uma salada com abacate. A terapeuta pergunta se eu ficaria menos ressentida se Andrew colaborasse mais com as coisas de casa; pergunta a ele se está disposto a expressar o que sente com mais frequência.

Sinto que posso odiá-lo e suspeito de que ele sinta o mesmo em relação a mim. Ele não acredita, não de verdade — ainda não —, que meu transtorno de estresse pós-traumático seja algo fora do meu controle. Ele diz que muitas pessoas sentem coisas, mas isso não significa que você precisa deixar todos verem isso. Não significa que você não possa dar um fim nisso nem que toda a sua vida deva girar em torno desse fato. Acuso-o de ser um robô emocional; ele me acusa de usar minha ansiedade como desculpa para ser egoísta.

Alguns meses depois, estamos em uma sessão dedicada à forma como meus sintomas pós-traumáticos afetam nosso relacionamento. A terapeuta quer fazer algo chamado EMDR, uma espécie de terapia que utiliza o movimento rápido dos olhos para ajudar um paciente com uma lembrança ou evento particularmente ruim. Quando ela me entrega uma lista plastificada de "conotações negativas" e me pede que escolha aquela com que mais me identifico, fico surpresa quando começo a chorar porque a que escolho é *Eu mereço morrer*. Não, não surpresa. Envergonhada, talvez. Parece-me performativo demais, essa frase em uma lista de frases, e ainda assim eu a escolher.

Não voltei a falar com Andrew sobre isso.

Minha mãe tinha menos tempo para a casa quando minha avó ficou doente. Ela ainda a mantinha brilhando, é verdade, mesmo que tivesse trabalhado o dia todo e depois cuidasse de minha avó após o trabalho, à noite e nos fins de semana — dando banho nela ou levando-a a uma consulta médica. Mas ela estava menos presente e, mesmo quando se encontrava em casa, sabia que seus pensamentos estavam em outro lugar.

Minha irmã e eu tentávamos visitar minha avó sempre que podíamos, no décimo primeiro andar de uma instituição para idosos em Astoria, onde havia campainhas de cordão para chamar ajuda perto da banheira e do vaso sanitário. O apartamento estava repleto de pinturas reluzentes de Jesus e fotos de seus netos. Cheirava a urina encoberta pelo pó compacto que ela usava para remover a oleosidade do rosto.

Quando ela precisava sair — para um compromisso ou uma festa em família —, minha mãe se sentava com ela e a ajudava a "aplicar a maquiagem", reforçando suas sobrancelhas com lápis e depois preenchendo seus lábios com batom. Minha avó comentava, com frequência, como era feliz por nunca ter ficado com o rosto enrugado. Era verdade, ela não tinha rugas mesmo — mas só porque a maior parte da pele solta estava dependurada abaixo do pescoço, como se o rosto dela tivesse derretido um pouco.

Ela se confundia facilmente e começou a cometer erros em casa: escovando os dentes acidentalmente com creme vaginal ou alimentando o cachorro com xampu em vez de lavá-lo com ele. Deixava mensagens em nossa secretária eletrônica alegando que a mulher que viera ajudá-la a tomar banho era uma lésbica que "queria sua vagina". Estava convencida, já no fim da vida, de que homens estranhos a seguiam ou aguardavam-na do outro lado da porta de seu apartamento, no corredor.

Minha mãe passou a visitá-la com frequência cada vez maior, mas não estava lá quando ela morreu. Sua maquiagem parecia algo errado naquele caixão — muito pesada e rosa demais para o rosto dela. Não consegui sentir o cheiro de seu pó compacto, apenas o ar carregado e reciclado da funerária de Long Island City.

CEREJA

Fui até lá.

Que uma feminista faça um aborto é compreensível, até mesmo esperado. A mulher — a mãe — que faz dois, entretanto, deve estar fazendo algo errado com sua vida.

Ainda assim, fui até lá.

Para um corpo que não consegue tolerar a gravidez, o meu com certeza gosta de ser engravidado. É como se quisesse me matar — preenchendo-me com algo que eu deveria amar, mas que em vez disso acabará me destruindo.

Quando engravidei de novo, passávamos o fim de semana em uma lancha. A camisinha tinha estourado na noite anterior ao dia em que deveríamos ir de carro até a casa de um amigo em Long Island — conversamos sobre tomar a pílula do dia seguinte enquanto estávamos a caminho, mas o trânsito estava ruim e tudo o que desejávamos era chegar ao nosso destino. *Tudo bem*, falei. *Ainda vai funcionar em 24 horas*. Arrogância de merda.

Odiei a lancha. Nosso amigo Josh era perfeitamente competente e tinha total controle ao pilotá-la, mas ainda assim eu me agarrava a qualquer coisa que parecesse uma alça e entrelaçava as minhas pernas ao redor de Layla como se ela fosse voar pela parte de trás a qualquer momento. Ela ficava se afastando de mim, os cabelos platinados batendo no rosto, rindo e gritando. *Eeeeeee! Mais rápido! Isso é legaaaaal!* Pensei no que eu faria se ela caísse do barco. É provável que ficasse bem, raciocinei, porque o barco estava indo rápido o bastante para que o motor ficasse longe dela. Então eu pensava em seu corpinho e no motor, e fechava os meus olhos. Imaginava-me pulando na água.

Josh atracou próximo a uma pequena praia para que pudéssemos fazer uma parada e nadar, e seus dois filhos mergulharam na água sem hesitar. Não estávamos tão distantes da praia, então entrei na água também. *Entregue ela pra mim*, disse a Andrew. *Vou nadando com ela até a costa.*

Apoiei Layla em meu quadril, ela envolveu meu pescoço com seus braços, e comecei a nadar de lado. Dois minutos depois, sentia-me sem fôlego. Layla escalou ainda mais alto em mim, metendo os pés na minha barriga. Falei para ela relaxar, que estávamos quase chegando lá, mas ela continuava me empurrando. Seus pés agora estavam sob as minhas costelas, e me senti afundando cada vez mais.

Pensei como seria se me afogasse. Em como provavelmente poderia erguê-la para alguém pegá-la enquanto eu afundava. Em como ela poderia ser salva, mesmo que não houvesse jeito de eu mesma ser. Mas todo mundo ia dizer como eu tinha sido corajosa.

Porém meus dedos dos pés tocaram pedras, e pude colocá-los no chão. Cheguei à areia sem fôlego, mas bem, e Layla correu para apanhar conchas e perseguir pássaros.

Algumas semanas depois, fiz um teste de gravidez sem contar a Andrew — não havia motivo para preocupá-lo, pensei — e, quando o resultado deu positivo, caí em prantos, lamentando-me. Layla veio correndo até mim, perguntando o que havia acontecido. Ela nunca tinha me visto chorar antes, e com certeza não daquela maneira, sentada no chão do banheiro e soluçando alto. Disse a ela que estava bem, acho que até sorri, pegando o telefone em seguida. Ela, meio indecisa, riu também.

Andrew estava em casa menos de uma hora depois, minha mãe não muito tempo mais tarde. Andrew e eu saímos de casa e fomos buscar sanduíches em um lugar na Smith Street, a duas quadras do apartamento no Brooklyn para o qual havíamos nos mudado. Ele disse todas as coisas certas, com jeitinho, mas eu sabia o que ele queria que eu fizesse. Nosso casamento mal tinha superado os dois anos que sucederam o nascimento de Layla — superado o que isso me causara, superado Boston — e, daquela vez, tivemos sorte. Naquela época, tivemos um bebê que sobreviveu a tudo. Layla estava saudável agora, já fazia quase um ano que não era hospitalizada, e enfim estávamos de volta a Nova York. Ainda assim, passamos pelo processo de fazer as coisas do modo lógico que se espera que você faça.

Marcamos consultas com especialistas, conversamos com familiares e amigos confiáveis. Chorei. O engraçado da gravidez é que, no caso de qualquer outro risco para a saúde, um médico não terá problema algum em dizer qual é o melhor curso de ação. Mas nenhum médico dirá a uma mulher grávida o que fazer.

Você poderia chegar ao fim, é o que dizem. *Mas, sim, a HELLP poderia se manifestar dentro de 24 horas, e seu fígado poderia falhar.*

Acompanharíamos a gravidez, dizem. *Mas não podemos evitar que você adoeça.*

Não sabemos o que acontecerá com o bebê.

E, por uma semana, continuamos conversando e consultando médicos. Como tínhamos acabado de nos mudar de novo para a cidade, não tinha um obstetra regular. Então, fui a uma médica que não conhecia e ela fez um ultrassom enquanto eu chorava e contava sobre minha última gravidez. À medida que narrava a internação no hospital, a UTI neonatal, os níveis de pressão arterial e resultados do fígado, ela afastou a tela do ultrassom. Diminuiu o som. Mas, ainda assim, pude ver o cintilar na tela.

Naquele dia, uma semana depois de fazer o teste, disse a Andrew que queria interromper a gravidez. Ele me disse que sabia que eu tomaria a decisão certa; que eu tinha de decidir isso por mim mesma. Assim, marcamos um horário no lugar que eu conhecia. No lugar em que já havia estado antes.

Meu corpo nunca foi leal a mim. Quando comecei a pegar o metrô no colégio, notei que, quando eu segurava as alças acima de mim ou o balaústre no meio, curvava-me só para um lado. Podia projetar o lado direito do quadril, colocar a maior parte do meu peso nesse lado e ter espaço entre minha cintura e os quadris para descansar a mão. Mas, quando tentava fazer a mesma coisa do lado esquerdo do corpo, não havia quadril — minha cintura e o osso formavam uma reta, sem nenhuma ondulação.

O médico fez com que eu me curvasse diante dele, levantou minha blusa até a altura do pescoço e apalpou minhas costas de cima a baixo. Disse à minha mãe que era escoliose e que provavelmente não havia nada a fazer, já que eu parara de crescer, dois anos depois de menstruar pela primeira vez. Ainda assim, meus pais me levaram a um especialista que diziam ser muito bom porque era de Manhattan e filiado a um hospital. Fiquei nua para o raio X, exceto por um avental que eu não tinha certeza de como vestir, porque não sabia de que lado do corpo a abertura deveria ficar.

As imagens ficaram prontas imediatamente, e o médico mostrou à minha mãe que eu tinha duas curvas na coluna: uma na parte superior, próxima aos ossos do ombro, que era leve, e uma na região dos quadris, que tinha um ângulo de quase trinta graus. Isso explicava a incapacidade de eu me curvar para um dos lados e a dor que sentia nas costas se ficasse muito tempo em pé, muito tempo sentada ou se dormisse demais.

Eu era muito jovem para avaliar a realidade médica dessas notícias, mas lembro que gostei muito, mas muito mesmo, dos meus raios X. Dava para ver o contorno dos meus seios — que tinham uma aparência legal, eu achei —, e no meu crânio era possível enxergar meus brincos e um chiclete que eu tinha esquecido de tirar da boca antes de encostar as costas na máquina. Pedi para ficar com as imagens, e o médico as colocou em um grande envelope marrom para que eu pudesse levá-las para casa.

Às vezes, quando algum garoto de quem eu gostava ia à minha casa, eu mostrava os raios X sob o pretexto de como era engraçado estar com chiclete na boca, mas na verdade era para ver a reação dele à imagem dos meus seios, mesmo que fossem apenas contornos.

Hoje em dia, na casa dos 30, pergunto-me se a escoliose é a razão pela qual sou tão desajeitada — se estou de alguma forma "desbalanceada" e é por isso que fico esbarrando nas coisas enquanto ando pela casa, ou a razão de ter quebrado o dedo mindinho duas vezes por tê-lo batido com muita força.

Acordo com hematomas que parecem ter surgido do nada, como costumava acontecer na época em que eu enchia a cara, mas não estou bebendo. Também não estou dormindo. Quando tomo Ambien, ou a melatonina que pego na loja de alimentos naturais dos meus pais no Queens Boulevard, durmo a maior parte da noite, mas ainda assim me levanto para fazer xixi pelo menos quatro ou cinco vezes. Meu médico diz para eu não beber água antes de ir para a cama, mas mesmo assim eu me levanto. Às vezes, quando acordo, fico ali parada observando Andrew e Layla, que veio para nossa cama no meio da noite, dormirem, e me ocorre como eles são diferentes de mim.

Então eu caminho pelo apartamento, ou me sento no sofá da sala de estar, olhando de modo obsessivo os classificados imobiliários na Zillow e procurando por imóveis nos quais nunca vou morar, até ficar cansada o suficiente para tentar dormir de novo.

Na manhã do aborto, eles me ligam passando o endereço — uma informação retida por quase uma semana por motivos de segurança e da qual não me lembro devido aos vários anos que já se passaram. Mas lembro que ficava em algum lugar no centro da cidade, em um andar alto de um prédio sem identificação, mais um espaço de escritório do que uma clínica propriamente. Como da última vez, sou a única pessoa lá. Desta vez, pago mais de mil dólares pelo privilégio de estar sozinha. Fico me perguntando se eles se lembram de mim. Depois que meu livro foi publicado, alguns meses após meu primeiro aborto, enviei-lhes uma cópia com um bilhete de agradecimento — eles haviam ajudado na realização daquele livro.

Assim como antes, a atmosfera está mais para parteira do que para hospital — do chá às balas e à enfermeira com voz suave que segura sua mão. Mas isso não me impede de chorar quando a médica me diz que não oferecem mais anestesia geral, só um Vicodinzinho de nada que sei que não fará coisa alguma pela minha dor. A pior combinação do mundo: baixa tolerância a dor, mas a tolerância a analgésicos de um viciado em drogas. Ainda assim, tomo o medicamento, esperando que talvez eu esteja errada desta vez.

Gostaria de poder dizer que doeu menos da segunda vez — que saber o que esperar ajudou. Mas a vontade era de fugir dali.

Fiquei me odiando por ter esperado um dia para tomar a pílula do dia seguinte. Odiei Andrew por não ter que fazer porcaria nenhuma a não ser ficar lá sentado perto de mim, fingindo saber como era ter as pessoas fazendo coisas com seu corpo, dentro do seu corpo. Ele não sabia de merda nenhuma.

Quando estava no período mais perigoso da gestação de Layla, chegou um ponto em que tentei convencer os médicos a não fazerem o parto dela — embora, a cada instante que eu adiasse, ficasse mais doente. *Deixem ela em mim*, eu disse. *O importante aqui não sou eu.* Mas, enquanto implorava para mantê-la dentro de mim, meu corpo trabalhava cada vez mais arduamente para expulsá-la.

Agora, mais uma vez, meu corpo ignorou minha vontade. Ele se retesou e resistiu mesmo enquanto eu assegurava à médica que era isso o que eu queria. Meu corpo lutou contra mim, tentando preservar essa gravidez, essa gravidez que poderia ser um bebê que, por sua vez, poderia ser uma sentença de morte; essa gravidez que poderia prosseguir.

Não cedi, mas a dor do procedimento me subjugou. Senti o espéculo bem dentro de mim, frio e rígido, e a dor que irradiava da minha vagina para o abdômen me dava a sensação de que estava sendo empalada. A enfermeira ao meu lado disse para eu fazer força, como se estivesse evacuando, que isso ajudaria a relaxar, e de fato ajudou, mas ainda assim doeu muito. Minha visão desfocou.

Senti o rosto e as mãos formigarem. Andrew parecia apreensivo, e ouvi a médica dizer que havia terminado; ela então se aproximou de minha cabeceira. *Levante as pernas dela*, disse à enfermeira. Elas ergueram minhas pernas, como pesos mortos, acima da minha cabeça, e a enfermeira pressionou folhas de papel-toalha umedecidas contra a minha testa e pulsos.

Elas disseram que eu tinha tolerância a dor muito baixa em relação à maioria das pessoas — *Você é tão sensível!* Fiquei lá deitada, esperando o calor retornar ao meu rosto. E ele retornou. Minha respiração ficou mais lenta; parei de chorar.

A médica foi até a pia com o que havia extraído com a seringa e procurou por provas de que tudo estava lá. Andrew me contou depois que, quando elas terminaram de olhar, abriram a torneira e o que havia restado na pia escorreu pelo ralo.

Aos poucos, fui conseguindo me sentar. Andrew estava ao meu lado. As folhas de papel-toalha marrom umedecidas ainda estavam grudadas em mim; minhas calças e calcinha estavam em uma cadeira ali perto. Sentia-me melhor.

Minha filha espera por mim em casa. Minha mãe está com ela e ficará mais algumas horas, enquanto me arrasto para a cama e me recomponho com uma almofada térmica e analgésicos. Acho que vou me sentir bem o bastante para cozinhar para minha filha, mantendo nosso ritual de fim de semana de preparar macarrão desde a massa, que fazemos com molho de tomate.

Antes de ir embora, a enfermeira pergunta se quero uma bala. Eu escolho a de cereja.

CHOCOLATE

Certa vez, Layla fez um desenho de si mesma que ela queria que eu pendurasse no alto de seu armário na pré-escola, para todos os seus amigos verem. Era a imagem dela — cabelos loiros, olhos verdes, um corpo desenhado em lápis de cera vermelho — com quatro palavras abaixo de seus pés: *Eu sou tímida. Layla.*

Tímida é a palavra que usamos com ela; *mutismo* é a palavra que o terapeuta dela usa.

A esperança de Layla era de que, ao pendurar o desenho com aquela declaração onde todos os amigos o vissem, eles entendessem, pelo menos um pouco, por que ela não falava com nenhum deles. Nem para dizer "oi", nem para agradecer, nem uma só palavra. Apenas silêncio.

Às vezes, quando está se sentindo alegre, Layla faz sinais com as mãos para os amigos, faz que *sim* ou que não com a cabeça, ou estala os dedos ou assovia quando quer a atenção de alguém. Para sua melhor amiga, a menina com quem ela se sente mais à vontade, ela sussurra frases.

Na maioria dos dias, minha filha conversa comigo, contando-me sobre a escola e sua melhor amiga — *Eu a amo tanto, mamãe.* Ela fala sobre seus amigos imaginários: o Supermalvado Homem da Neve, que cobre nossa rua com gelo e torna a caminhada difícil para ela. Conta sobre suas melecas, seu cocô, seus brinquedos e os sonhos que tem à noite (joaninhas na praia). Às vezes, acorda rindo — não apenas com risinhos, mas em ataques de riso histérico. Nunca consegue se lembrar do que tinha de tão engraçado em seu sonho.

Acabei por acreditar que as horas de silêncio que ela enfrenta na escola fazem com que, no final do dia, ela esteja desesperada para se expressar verbalmente, as frases fluindo e se emendando sem parar. Ela sempre foi articulada, adiantada em relação a outras crianças de sua idade quando começou a falar, e pelo tipo de palavras e frases complexas que conseguia elaborar em tão tenra idade.

Foi por isso que, quando tinha 2 anos, na creche, e não falava com as outras crianças, não demos muita importância a isso. Fazia sentido para nós que ela só conversasse com os professores; os amigos sequer formavam frases. Ela nos confirmou isso explicitamente quando lhe perguntamos por que não conversava com os amigos: *Eles não sabem falar direito, mamãe*. E assim o orgulho de pais nos cegou.

Quando ela fez 3 anos e ainda se mantinha em silêncio, colocamos a culpa na disparidade de gêneros na classe — a maioria era de meninos, barulhentos e exuberantes. Layla ainda era muito pequena para sua idade e preferia brincadeiras tranquilas, então, mais uma vez, não nos preocupamos.

Mas, quando já estava com 4 anos, em uma escola quáquer sossegada e solidária, Layla nos contou que não conseguia conversar com outras crianças que conhecia havia meses porque, quando tentava, sentia-se como se os estivesse encontrando pela primeira vez. Ela nos disse que sentia muito medo.

O diagnóstico foi mutismo seletivo — um transtorno de ansiedade em que as crianças se calam em determinados ambientes ou diante de certas pessoas. Para Layla, isso significa que ela só conversa com adultos e nenhuma criança, e mesmo assim apenas com adultos que ela conhece e dos quais gosta.

É difícil explicar a estranheza de nunca ter visto sua filha falar com outra criança.

Uma ou duas vezes, ela esqueceu as próprias regras e escorregou, dizendo uma ou duas palavras. Quando seu pai e eu apontamos tais ocasiões com alegria, ela ficou zangada, insistindo em que nunca dissera nada. Que imaginamos isso, ou que as palavras foram destinadas a um adulto na sala. Ela não vacila — seja por medo ou por falta de vontade de acreditar que ela é capaz de falar, eu não sei.

Ela tem amiguinhas; somos gratos por isso. Suas amigas sabem que Layla não fala, mas isso não as impede de pularem na cama dela quando vão brincar lá em casa. Menininhas que ela abraça e com quem fica de mãos dadas, uma garotinha que escreve bilhetes de amor para ela todos os dias, com o nome das duas em corações lado a lado. Elas dizem uma para outra: *Eu te amo*, apontando primeiro para si mesmas, depois fazendo um coração com as mãos, e depois apontando para a outra. Se estão sentindo muito amor, finalizam a sequência das mãos abrindo os braços, para indicar o tamanho de seu sentimento.

Ver uma criança sua, que tem tanto a dizer, calar-se à vista de uma amiguinha é muito doloroso. Observá-la criar a própria linguagem de sinais para ajudá-la a se comunicar em vez de usar a voz é aterrorizante, porque você não pode deixar de pensar nas coisas que virão pela frente — um futuro silencioso, no qual ela não poderá se defender ou, pior, expressar sua alegria de forma adequada. E, embora outras crianças de 5 anos sejam boas e compreensivas, não permanecem tão gentis assim por muito tempo.

E então você faz o que os especialistas lhe dizem para fazer, sabendo que isso foi uma coisa que você passou para ela — talvez não o silêncio, mas o medo implícito nele. Que sua propensão genética por trauma e ansiedade é a única coisa que ela herdou de você. Todo o resto, tudo de bom, veio do pai dela. Os cabelos loiros e olhos verdes, que fazem estranhos acharem que você é a babá em vez de mãe; sua inteligência, seu humor e sua curiosidade são todas características que você não reconhece em si mesma. A preocupação, no entanto, você reconhece.

Quando Layla nasceu, tive a sensação de que ela não era minha de fato, mas toda de Andrew, de certa forma. Como se eu pudesse dar à luz uma criança que não carregasse nenhum pedaço meu. Mas agora, com isso, sei que ela é muito minha, e gostaria de poder lhe dizer que sinto muito por isso.

Às vezes, eu me odeio porque sinto vontade de gritar: *Fala, porra, eu sei que você pode falar*, porque não consigo entender como é possível que ela literalmente não consiga verbalizar algo. Mas então eu a vejo tapar a boca com as mãos diante da mera e gentil sugestão de que deve tentar ser corajosa e confirmo que não é apenas um capricho o que a detém.

Por isso gastamos um dinheiro que nosso seguro de saúde não cobre para pagar pela terapia — pelas chamadas telefônicas a professores, pelo tempo de viagem para que seu terapeuta venha de Manhattan até a escola dela, pelas sessões conosco. Criamos gráficos de "conversas corajosas" e colecionamos prêmios para dar a ela quando consegue falar durante um momento de pânico. Eu grito com garotos maiores que fazem *bullying* com minha silenciosa filha no parquinho, enquanto seus pais babacas do Brooklyn assistem a tudo apáticos.

Uma amiga dá de aniversário para Layla uma "porta de fadas", que encostamos na parede, dizendo-lhe que a porta trará uma fada ao quarto dela enquanto dorme. Escrevo um bilhete da fada com lápis de cera pedindo que ela seja corajosa, anexando um pequeno anel de ouro que eu usava quando criança, que falo para ela que é mágico e a ajudará a se expressar com palavras. Ela o usa preso a um colar e, um dia, consegue recitar o abecedário para a professora enquanto olha para uma colega de classe.

Se Andrew e eu temos alguma coisa, são palavras — às vezes, tantas, que discutimos a situação um com o outro em um esforço para liberá-las. Tenho tantas que preciso transpô-las para o papel todos os dias. Às vezes, sinto que não estou realmente em uma sala, mas que apenas sorrisos flutuantes e palavras preenchem o espaço ao meu redor.

Layla, porém, está lá. Ela quer falar sobre quanto está crescendo, quanto pesa, quanto espaço ocupa. *Venha me ver dançar, olhe este suéter que estou vestindo... é cor-de-rosa!* Quando estamos com meus pais, no norte de Nova York, ela me traz folhas de sálvia do jardim da minha mãe e me pede que as cheire ou as esfregue no rosto.

Viajamos para a Califórnia para passar o Dia de Ação de Graças com os pais de Andrew, tirando-a da escola por duas semanas para brincar com os avós no quintal com limoeiros, fazer roupas para suas bonecas e se deleitar com o pequeno exército de patos de borracha alinhados na banheira na casa de infância do meu marido. Há um caquizeiro do lado de fora, cujos frutos os corvos bicam, para encanto de Layla e para meu terror.

Na primeira noite em que estamos lá, vamos a um restaurante e, conforme seu novo terapeuta nos aconselhou, dizemos a Layla que ela pode comer qualquer sobremesa que quiser, se ela mesma pedi-la à garçonete. Ela pergunta se pode me olhar enquanto pronuncia as palavras alto o suficiente para a garçonete escutar, mas eu respondo, mortificada, que não. Sei que, nesse caso, ela fingiria estar falando comigo.

À medida que a refeição continua, Layla vai ficando mais nervosa. Ela me pede que leia para ela as opções de sobremesa, e é o que faço — eles têm *sundae*. Ela pede para sentar no meu colo e me faz relatar a ela como seria o pedido. *Eu direi: "Por favor, senhorita, minha filha gostaria de fazer seu pedido". Você só precisa olhar para ela e dizer uma palavra: "Sorvete".* Ela se remexe no meu colo quando a mulher se aproxima. Pergunto à garçonete se Layla pode pedir algo, e sua boca se move, mas não sai nenhuma palavra. Digo-lhe que precisa falar mais alto.

Ela sussurra *sorvete*, mas muito baixo para a garçonete ouvir. Digo-lhe mais uma vez: *Você precisa falar mais alto*, e, junto com a palavra, ela solta também um soluço engasgado, enquanto a garçonete nos olha espantada, e eu dou um gritinho de emoção e um abraço em Layla. Ela estende os braços para o pai e chora, ao mesmo tempo sorrindo, enquanto a mulher de uniforme preto e branco se vira e vai buscar seu sorvete de chocolate.

NOTAS FINAIS (2008-2015)

Cheiro de bacalhau. Censure a sua boceta fedorenta, não a minha liberdade de expressão.
E-mail, 22 de abril de 2008

Você e seu culto são o principal motivo de as mulheres serem odiadas. Vocês não podem provocar os coitados dos homens e depois gritar com eles por ficarem secando. Você não vê homens andando por aí expondo suas partes pudendas o tempo todo, mas, se fizessem isso, eu esperaria ver a maioria das mulheres olhando e secando, se eles fossem atraentes.
E-mail, 31 de maio de 2008

VOLTA PRA COZINHA E FAZ O MEU JANTAR, VAGABUNDA. Mulheres com cérebros minúsculos, por que as deixamos pensar que são alguém?
E-mail, 8 de junho de 2008

Seu site é UMA BOSTA MENTIROSA! Volta pra cozinha, que é onde as mulheres devem ficar, e começa a cozinhar! Agora, falando sério, vocês enchem o saco.
E-mail, 6 de novembro de 2008

Lava os meus pratos e limpa a minha casa!!!!
E-mail, 20 de dezembro de 2008

Eu olhei pra sua foto e não me senti atraído. Por que não? Você é uma mulher jovem e bonita. Depois de um tempo olhando pra foto eu percebi o porquê. Você parece ter "olhos sonolentos".
É um problema bastante grave. Conheci um cara no trabalho que tinha verdadeiros "olhos velados", suas pálpebras ficavam meio fechadas a maior parte do tempo, dava uma aparência muito maligna. Um caso muito mais extremo do que a sua foto. "Tirar uma boa foto" é uma habilidade que as atrizes aprendem e talvez você devesse aprender.
E-mail, 12 de maio de 2009

---

vai se foder vai se foder vai se foder vai se foder vai se foder vai se foder
vai se foder vai se foder vai se foder vai se foder vai se foder vai se foder
vai se foder vai se foder vai se foder vai se foder vai se foder vai se foder
vai se foder vai se foder vai se foder vai se foder vai se foder vai se foder
vai se foder vai se foder vai se foder vai se foder vai se foder vai se foder
vai se foder vai se foder vai se foder vai se foder vai se foder vai se foder
vai se foder vai se foder vai se foder vai se foder vai se foder vai se foder

vai se foder vai se foder vai se foder vai se foder vai se foder vai se foder
vai se foder vai se foder vai se foder vai se foder vai se foder vai se foder
vai se foder vai se foder vai se foder vai se foder vai se foder vai se foder
vai se foder vai se foder vai se foder vai se foder vai se foder vai se foder
vai se foder vai se foder vai se foder vai se foder vai se foder vai se foder
vai se foder vai se foder vai se foder vai se foder vai se foder vai se foder
vai se foder vai se foder vai se foder vai se foder vai se foder vai se foder
vai se foder vai se foder vai se foder vai se foder vai se foder vai se foder
vai se foder vai se foder vai se foder vai se foder vai se foder vai se foder
vai se foder vai se foder vai se foder vai se foder vai se foder vai se foder
vai se foder vai se foder vai se foder vai se foder vai se foder vai se foder
vai se foder vai se foder vai se foder vai se foder vai se foder vai se foder
vai se foder vai se foder vai se foder vai se foder vai se foder vai se foder
vai se foder vai se foder vai se foder vai se foder vai se foder vai se foder
vai se foder vai se foder vai se foder vai se foder vai se foder vai se foder
vai se foder vai se foder vai se foder vai se foder vai se foder vai se foder
vai se foder vai se foder vai se foder vai se foder vai se foder vai se foder
vai se foder vai se foder vai se foder vai se foder vai se foder vai se foder
vai se foder vai se foder vai se foder vai se foder vai se foder vai se foder
vai se foder vai se foder vai se foder vai se foder vai se foder vai se foder
vai se foder vai se foder vai se foder vai se foder vai se foder vai se foder
vai se foder vai se foder vai se foder vai se foder vai se foder vai se foder
vai se foder vai se foder vai se foder vai se foder vai se foder vai se foder
vai se foder vai se foder vai se foder vai se foder vai se foder vai se foder
vai se foder vai se foder vai se foder vai se foder vai se foder vai se foder
vai se foder vai se foder vai se foder vai se foder vai se foder vai se foder
vai se foder vai se foder vai se foder vai se foder vai se foder vai se foder
vai se foder vai se foder vai se foder vai se foder vai se foder vai se foder

vai se foder vai se foder
E-mail, 9 de agosto de 2009

Não fique tão séria da próxima vez que postar sua foto. Aposto que você tem um sorriso lindo :)
E-mail, 19 de novembro de 2009

Olá, eu vi os seus vídeos no YouTube. Nunca pensei que uma feminista pudesse ter um sorriso tão encantador e parecer tão simpática. Pra que servem esses vídeos? Saudações.
E-mail, 18 de fevereiro de 2010

Algum tempo atrás, enviei-lhe uma mensagem expressando algumas objeções e fazendo algumas perguntas que tinha sobre um dos seus vídeos do YouTube ao qual tinha assistido recentemente na época. Me chamou a atenção enquanto eu estava limpando a minha caixa de entrada que você nunca respondeu e isso me deixou um pouco triste. Me angustia ver que, depois de tudo o que você falou, você não respondeu e eu imaginei que fosse por causa da falta de tempo ou por não ter recebido a carta em vez de falta de coragem para discutir calmamente seus princípios com um homem inteligente e verborrágico.*
E-mail, 11 de abril de 2010

Jessica, você vai ter um bebê? Pensei que você não acreditava em ter bebês... apenas em matá-los. Sinto pena do seu filho, que vai aprender a desvalorizar a vida humana.
E-mail, 1º de maio de 2010

Você, Jessica, é o protótipo da mulher liberal amarga neste artigo. Só dá pra imaginar o veneno escorrendo do seu teclado depois que você terminou essa lenga-lenga furiosa.
E-mail, 29 de maio de 2010

---

* O comentarista quis dizer "articulado" e acabou se autodepreciando. (N.T.)

Eu fiz abortos porque pensei que era uma opção de controle de natalidade. AGORA eu sou uma assassina, se alguém é ingênua ou cruel o suficiente para abortar um bebezinho, ou é desinformada ou egoísta. Esse é o ponto.
E-mail, 10 de novembro de 2010

Então vcs fazem marcha das vadias? Olhe pra vc, sua elefantona obesa, vc e aquelas como vc não precisam se preocupar em serem estupradas. Em LA, vocês teriam que pagar por isso, suas banhudas idiotas. Espero que seus filhos sejam violenta e brutalmente estuprados. E, sim, eu sou feminista e mulher. Só que lixos como você e o seu site *estão contaminando o movimento e fazendo um desserviço, sua gorda feia e escrota.*
E-mail, 4 de junho de 2011

Olhando várias fotos suas, uma coisa impressionante me saltou aos olhos. O máximo de elogio que posso te fazer é dizer que você é comunzinha. O que leva à pergunta — por que tantas feministas bitoladas são tão pouco atraentes?
E-mail, 20 de setembro de 2011

Me mostra qq mulher ou menina q eu te mostro q tem algum problema. Elas não têm o menor respeito por elas mesmas e seu corpo.
E-mail, 15 de março de 2012

Eu acho que você precisa ser amordaçada. Tudo o que a gente faz é comer e sair fora hoje em dia por causa da retórica de putas como você. Tomara que você morra em uma explosão num acidente de carro.
E-mail, 11 de abril de 2012

Acabei de ler Full Frontal Feminism *e é uma merda! Não sou misógino nem* hater. *Seu livro é só uma merda mesmo.*
E-mail, 27 de julho de 2012

Parece que você é ingrata. Tudo é construído pelos homens. Os homens inventaram inclusive os absorventes. Cresça, por favor, e vire uma dama, e não uma mensininha.
E-mail, 28 de julho de 2012

As feministas me fazem lembrar das menininhas que choram porque não conseguiram o que queriam. Se você quisesse ser importante, deveria ter nascido com um pênis. (:
E-mail, 8 de agosto de 2012

Você está mesmo precisando de psicoterapia. Você precisa explorar a sua infância e o efeito que seus pais tiveram em você.
E-mail, 1º de setembro de 2012

Você vê mulheres superando o controle dos homens nos próximos anos? Estou curioso... Sinta-se à vontade para enviar um e-mail...
E-mail, 28 de novembro de 2012

[Jessica Valenti] alcançou aceitação na grande mídia com seus livros e artigos no Washington Post *e* The Atlantic. *Surpreendentemente, ela se casou, mas com um homem que recebeu o prêmio "beta do mês". Em toda a sua vida ela só tirou uma foto em que saiu um pouco atraente, mas não se parece nem um pouco com ela agora.*
"As Nove Feministas Mais Feias da América", ReturnofKings.com, 5 de janeiro de 2013

Seu livro é bobo. E você é boba.
E-mail, 10 de janeiro de 2013

@JessicaValenti: Amigos do Twitter: alguém conhece algum país onde os absorventes são de graça ou subsidiados de alguma forma?
8 de agosto de 2014

@amcphee: @jessicavalenti Eu acho que ela quis dizer onde vendem os extragrandes, por causa da sua vagina arrombada

@skzdalimit: @jessicavalenti Se vc tah tão preocupada com a disponibilidade de absorvente, talvez vc precise enfiar o dedo sabe onde pra parar de sangrar

@spergonwynn: @jessicavalenti vagabunda

@watchdougals: @jessicavalenti Sim, chama-se Oriente Médio, onde costuram a sua vagina por falar muita merda

@jhendricks2301: @jessicavalenti isso não tem a ver com estar chapada, né? se vc não pode comprar absorvente, usa uma p*** de uma meia velha

@bobolewsky: @jessicavalenti Por que você ainda não removeu os seus ovários etc.?

@mrsugarbutt: @jessicavalenti aqui vai uma dica pra vc: se casa. Aí seu marido pode pagar por isso. Contanto que você dê pra ele...

Você é uma porra de uma baranga repugnante. O que você precisa mesmo é de um pau bem grande dentro de você para te deixar calminha. Ainda bem que não passa nem perto de ser meu tipo. Espero que um caminhão passe por cima de você.
Mensagem do Facebook, 30 de junho de 2014

Vai à merda, sua puta nojenta!!!
Mensagem do Facebook, 30 de junho de 2014

ÓINC....
Mensagem do Facebook, 1º de julho de 2014

Importa-se em ser a primeira na fila, menininha idiota? Entenda muito bem uma coisa. NENHUM contribuinte e nenhum negócio com um código moral rígido (ao contrário de você) deveria ter que bancar pelo seu controle de natalidade ou de qualquer outra pessoa. E, sim, venha até a minha Hobby Lobby local e tente demonstrar como vc é vagabunda, garotinha mimada.
Mensagem do Facebook, 2 de julho de 2014

O que você precisa é de umas férias no Afeganistão. Onde, pela mira de uma Sniper, você vê meninas pequenas serem estupradas, ter suas vaginas mutiladas, obrigadas a comê-las, e depois decapitadas. Se você quer lutar pelos direitos das mulheres, VAI pra lá. Até lá, CALA A BOCA.
Mensagem do Facebook, 7 de novembro de 2014

Não há evidências claras de que o aumento prolongado da testosterona ao longo do tempo possa alterar a trajetória de crescimento dos ossos o suficiente para produzir mudanças no formato do rosto. Mas, se fosse verdade, seria uma maneira de explicar a transformação dramática de Jessica Valenti do Guardian *nos últimos dez anos.*
"O feminismo deixa as mulheres feias?", Breitbart, 26 de julho de 2015

Tony B. — gatinha

Mark W. — Ela não está tão ruim. Como é que ela não recebe mais cantada na rua?

Eric F. — Ela não é assim tão atraente na verdade. QUE NOJO!!

João D. — Desculpa mas eu não consigo achar ela bonita, a única coisa que eu sinto qdo olho pra ela é raiva e nojo

Tony B. — Ela não é LINDA, nada disso. Mas acho ela relativamente bonita.

Richard J. (foto do perfil: bebê vestido de abóbora) — Ela é ok... pra comer, eu ia...

Vasanth P. — A magia da maquiagem.

Scott B. — Desculpa aí, eu acho que ela é fisicamente atraente, mas com essa personalidade dela não dá.

Matt T. — Eu ia. Contanto que eu pudesse usar uma mordaça de bola.

Brent B. — Ela tem dente de rato.

Richard J. — Eu acho ela muito bonita.

Brent B. (posta fotos de seu gato vermelho e branco) — Bonita de bunda. Eu comeria ela a noite toda com força só se não tivesse mais nada. E faria ela me chamar de papai.

Chris P. — Eu pessoalmente acho que as viúvas-negras são lindas na forma e função, mas nunca abraçaria uma.

Daryl W. (de Alberta) — Morena mais ou menos bonita até o momento em que abre a boca pra falar... que é quando ela fica feia muito rápido.

Melissa L. (posta tutoriais de maquiagem) — Parece uma vagabunda debochada só pelo jeito como sorri...

James H. — Isso é antes de ela engordar. Agora ela parece bem comunzinha.

Jon B. — Eu sei que a maioria de nós não está dizendo isso, mas o simples fato de que não apenas o que essas feministas dizem por acreditarem cegamente que faz sentido faz perder o respeito por essas pessoas, como as reduz a nada além do que elas chamam de objeto sexual, mas não é nossa culpa, e sim culpa delas. Porque a única coisa para a qual elas se tornam úteis a essa altura é uma trepada casual e *tchau* mesmo. Quando você não tem nada em comum a não ser o sexo, não é difícil fazer isso. As pessoas não param para pensar quando seus princípios de merda são tudo o que você é!

James H. — Concordo. Eu gozaria nos olhos de Jessica. Mas só se isso fosse causar uma infecção. Caso contrário, isso só a encheria de autoridade.

James W. — Queixo de homem

Postagens na página do Facebook *Honey Badger*, embaixo da minha foto de autora para este livro, 2015

AGRADECIMENTOS

Como acontece com tudo o que escrevo, este livro não teria sido possível sem o apoio do meu marido e melhor amigo, Andrew Golis. Andrew, sou grata a você todos os dias.

Para mamãe, papai e Vanessa: obrigada por permitirem usar suas histórias, que são tão loucas, complicadas, assustadoras, tristes, divertidas e surpreendentes, assim como todos vocês. Amo vocês.

Já trabalhei em dois livros com minha incomparável editora, Julia Cheiffetz — não consigo imaginar uma defensora ou amiga mais fervorosa. Para a minha excelente agente, Laurie Liss, muito obrigada pelo apoio incondicional e por ter tornado possível a realização deste livro.

Juliet Critsimilios me ajudou em questões grandes e pequenas, tanto em relação a este manuscrito quanto com minha vida muito complicada. J, você é inteligente, engraçada e maravilhosa — mal posso esperar para ver o que fará em seguida.

Layla, meu amor: tudo o que faço — tudo o que escrevo — é concebido na esperança de que, quando crescer, você fique orgulhosa de mim. (E não muito envergonhada sobre a parte do sexo.) Aos 5 anos, você é mais corajosa do que a maioria dos adultos que eu conheço, então, mal posso esperar para ver a pessoa que você se tornará. Amo você de corpo e alma.

Impresso por :

gráfica e editora

Tel.:11 2769-9056